dtv

W0083263

dtv

portrait

Herausgegeben von Martin Sulzer-Reichel

Prof. Dr. *Matthias Henke* unterrichtet – an der Universität Gesamthochschule Kassel und der Hochschule für Musik Würzburg – Musikgeschichte und musikalische Analyse. Der Schwerpunkt seiner Forschung liegt auf der Wiener Schule: Schönberg, Berg, aber auch Mahler, Krenek, Logothetis oder Haubenstock-Ramati.
Henke, der seine künstlerische Ausbildung bei dem Gitarristen/Komponisten Siegfried Behrend erhielt, bemüht sich, zwischen Wissenschaft und Öffentlichkeit, zwischen Theorie und Praxis zu vermitteln – nicht zuletzt als Hörfunk-Autor, der bisher etwa 80 abendfüllende Sendungen schrieb (für fast alle deutschen Sendeanstalten sowie den ORF, Wien, und DRS, Bern). Durch seine Veröffentlichungen (Bücher, Essays, Vorträge, Booklet-Texte), die in alle Weltsprachen übersetzt wurden, und als Teilnehmer diverser Symposien erwarb er sich einen internationalen Ruf.

Arnold Schönberg

von Matthias Henke

Deutscher Taschenbuch Verlag

Weitere in der Reihe dtv portrait erschienene Titel
am Ende des Bandes

Wer die Unwahrheit sagt, wird auf Händen getragen
Wer dagegen die Wahrheit sagt
der braucht eine Leibwache
Aber er findet keine.
Bertolt Brecht, Schlußstrophe aus
›Und in eurem Lande?‹, 1935

Originalausgabe
Juni 2001
© Deutscher Taschenbuch Verlag GmbH & Co. KG, München
www.dtv.de
Das Werk ist urheberrechtlich geschützt.
Sämtliche, auch auszugsweise Verwertungen bleiben vorbehalten.
Umschlagkonzept: Balk & Brumshagen
Umschlagfoto: © AKG, Berlin
Satz und Layout: Agents – Producers – Editors, Overath
Druck und Bindung: APPL, Wemding
Gedruckt auf säurefreiem, chlorfrei gebleichtem Papier
Printed in Germany   ISBN 3–423–31046–4

Inhalt

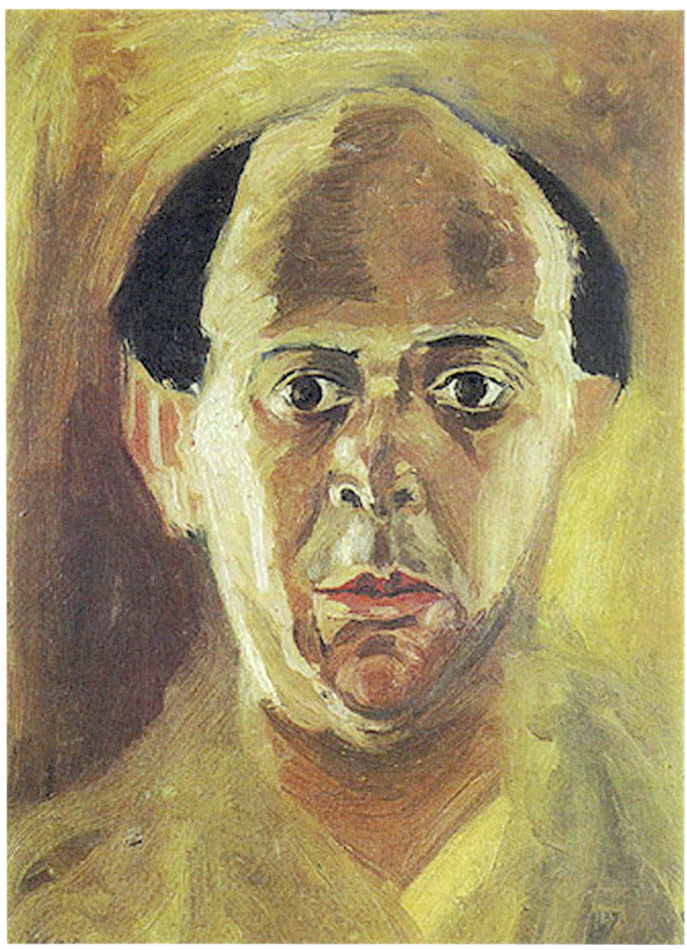

1   Arnold Schönberg. Selbstportrait, undatiert

Es gibt kein Entrinnen: soweit ich Musikhistoriker kenne, wird ein kleines Pappendeckel-(Vexier-)Etui, das ich (my hobby) angefertigt habe, gefunden werden. Und, soweit ich Musikhistoriker kenne, wird es zwei Parteien unter ihnen geben. Die eine wird die Inschrift an diesem Etui (in meiner Handschrift) zwar lesen, aber vollkommen unbeachtet lassen. Die Andere aber wird lesen: »Eines meiner besten Werke« und wird Schlüsse daraus ziehen. Beide Parteien werden dieses Blatt lesen, das ich hier in Deutsch handschriftlich einfüge und von welchem an anderen Stellen maschinengeschriebene englische Versionen sich

Lieber Vollmensch als Halbgott
Anmerkungen zur Person

Zahlreiche Hagiographen sehen in ihm eine alttestamentari-sche Gestalt. Sie betrachten ihn als Propheten, als Einen, der für seine Sache kämpfte, unbestechlich und stark, ohne sich von Konventionen beirren noch von Stand oder Person beeindrucken zu lassen. Die strengen Furchen, die das Gesicht des greisen Mannes so unverwechselbar prägten, seien Insignien (s)einer Mission gewesen. Dies alles und ähnliches ist keinesfalls nicht richtig. Aber es ist auch nicht die Wahrheit. Zu ihr gehören weitere, meist marginal behandelte Eigenschaften des Komponisten: seine Spielfreude, die Tierliebe, sein Spaß an Bastelarbeiten und Sport, der temporäre Hang zu Alkohol und Nikotin, sein zahlenmystischer Aberglaube, die (erotischen) Leidenschaften, zudem der Sinn für (musikalischen) Humor. Gewiß, das von innen kommende Sendungsbewußtsein war ein wichtiger Teil seines Wesens. Doch darf man es nur als prismatische Brechung betrachten, als eine von vielen, deren Gesamtheit erst den Diamanten zum Leuchten bringt.

An der Verklärung seiner selbst zu einem Propheten biblischen Zuschnitts hat Schönberg nolens volens mitgewirkt. So scheute er in seinen Werturteilen das Grau, um das Schwarz und das Weiß desto deutlicher hervorzuheben. Als ihm in den vierziger Jahren, dank der Vermittlung Hanns Eislers, das Vergnügen zuteil wurde, Charlie Chaplin kennenzulernen, zeigte er sich von dessen Film ›Modern Times‹ über alle Maßen begeistert, aber er zögerte nicht einen Augenblick, Chaplins Musik

vorfinden werden. Nichtsdestoweniger werden beide Parteien darüber einig sein, daß ich zwar ein großer Theoretiker, aber kein wirklich großer Komponist bin. Und die die Anschrift gelesen haben, werden folgendermaßen argumentieren: »Schönberg selbst dachte von seinem Schaffen äußerst gering, was schlagend bewiesen ist durch eine Inschrift in einem von ihm angefertigten Vexier-Etui, die lautet: »…« und die »Wenn-so«-Logik sagt dann: »Wenn das eines der besten Werke ist, so sind eben die meisten (oder alle) musikalischen weniger wert, also fast nichts«. Auf die Idee, daß ich scherze, kommt ein Musikwissenschaftler nicht.   ›Mein größtes Werk‹, undatiert

dazu vehement zu kritisieren. Der altjüdischen Sentenz »Deine
Rede sei Jaja, Neinnein« folgte Schönberg auch, indem er Pri-
vates und Professionelles strikt trennte. Während seiner ersten
Ehe (mit Mathilde Zemlinsky) pflegte er gesellschaftlichen Verpflichtungen, sogar Einladungen von Freunden, lange Zeit allein nachzukommen. Als Präsident des 1918 gegründeten »Vereins für musikalische Privataufführungen« weigerte er sich
längere Zeit, eigene Kompositionen aufs Programm zu setzen.
Nur zögernd gab er schließlich dem Drängen seiner Schüler
nach, die sich verständlicherweise danach sehnten, die Novi-
täten ihres Meisters zu hören. Auch als Erzieher dokumentierte
Schönberg ein ebenso hohes wie archaisch anmutendes Ethos.
Obgleich er ein begnadeter Kompositionslehrer war, dem Anschein nach der erfolgreichste des 20. Jahrhunderts, rühmte er
sich, er habe in dieser Funktion zahlreiche Enthusiasten davon
abgehalten, die Laufbahn eines Komponisten einzuschlagen.
Als seine Tochter Nuria sich an der University of California

Los Angeles immatrikulieren
wollte, wurde sie sogleich
von einem Verwaltungsange-
stellten als Sprößling Professor Schoenbergs erkannt und
an einer langen Schlange War-
tender vorbeigewinkt. Glück-
lich über den unverhofften
Komfort, erzählte sie ihrem
Vater von dem harmlosen
Vorfall. Der aber freute sich
nicht mit ihr, sondern fuhr sie
an, sie habe eine ihr nicht zu-
stehende Vergünstigung angenommen.

2   Alban Berg (1885–1935). Portrait
von Arnold Schönberg, undatiert

Zur Stilisierung Schönbergs als messianischer Erscheinung haben auch seine Schüler beigetragen. Alban Berg schilderte 1910 in einem Brief an Anton Webern zwar nicht gerade, er habe bei einem Spaziergang mit dem Lehrer erlebt, wie dieser das Meer teilte. Doch darf man seiner Bemerkung, »vor dem Dröhnen« der Schönbergschen Worte sei der Lärm der Stadt unhörbar geworden, durchaus entnehmen, daß er dem Redenden alttestamentarische Suggestionskraft zubilligte. Webern stand seinem Freund Alban kaum nach. Er himmelte Schönberg als »unvergängliches Vorbild« an. Er setzte sich für seine Befreiung vom Militärdienst ein (»Einen solchen Mann seiner Tätigkeit zu entziehn, ist die schwerste kulturelle Schädigung, die sich der Staat zufügen kann«). Er folgte ihm, seine ständige Nähe suchend, von Wien nach Mödling. Und er lernte selbst das verhaßte Tarock eigens für Schönberg, um auch die Freizeit noch mit dem passionierten Kartenspieler teilen zu können.

Vom Bannstrahl des Verehrten wurden nicht nur Berg und Webern getroffen. Fast alle Schönberg-Schüler (mochten sie Komponisten geworden sein oder nicht, Monate oder Jahre bei ihm verbracht haben) räumten später ein, daß sie durch ihn wesentliche Impulse empfangen hätten. Der Dirigent Hans Swarowsky, der 1920 Schönbergs Kompositionskurse besuchte, erinnerte sich, er sei im Unterricht stets angehalten worden, klare Position zu beziehen, den Wert oder Unwert eines Kunstwerks exakt zu begründen. Und selbst der eigenständige John Cage konnte sich den magnetischen Kräften Schönbergs nicht entziehen, obwohl sein kompositorisches Denken ein völlig anderes war. In Textkompositionen wie ›Lecture on nothing‹ nahm der Amerikaner immer wieder auf seinen früheren Lehrer Bezug und er-

3 Anton Webern (1883–1945).
Portrait von Max Oppenheimer,
um 1908/10

hob ihn auf diese Weise zu einer zentralen Figur seines imaginären Dialogs.

Der Nimbus, prophetische Eigenschaften zu besitzen, barg jedoch Gefahren in sich. So geriet der Kreis von Schönberg und seinen Schülern, der sich ursprünglich formiert hatte, um einen Schutzwall gegen reaktionäre Kräfte zu bilden, oftmals ins Zwielicht. Nicht wenigen Außenstehenden schien er ein hermetisches Gebilde zu sein, ein heiliger Hain, der nur vom Meister und seinen Jüngern betreten werden durfte, ein elitärer Zirkel mit höchsten Ansprüchen, zu dem »Andersgläubige« keinen Zutritt hatten. Ernst Krenek, der Schönberg und seine Anhänger mit kritischer Sympathie begleitete, erläuterte in seiner 1998 erschienenen Autobiographie: »Daß diese so streng gegen sich selbst sind, verleiht ihnen leicht etwas Überhebliches, fast Arrogantes, was sie vielleicht für die Frustration entschädigt, die sie angesichts des äußeren Erfolges (und sei er noch so gering) weniger gehemmter Kollegen empfinden müssen.«

Die Assoziation des Prophetischen, die sich mit dem Namen Schönbergs verband und immer noch verbindet, lieferte überdies den Gegnern des Komponisten eine Reihe von Argumenten. Zu den Eigenschaften eines Propheten zählen gemeinhin die Sicherheit im Urteil, der Wille, an dem einmal als wahr Erkannten festzuhalten, und ein hohes Maß an Intellekt. Daraus jedoch schmiedeten die Feinde Schönbergs Waffen. Seine Sicherheit im Urteil verketzerten sie als Dogmatismus, den unermüdlichen Kampf für Ideen als Sturheit und das Vorhandensein von Intellekt als Mangel an Gefühl.

Heute, 50 Jahre nach dem Tod des Komponisten, muß konstatiert werden, daß Schönbergs Erhebung in den Prophetenstand eine historisch unzulässige Reduzierung war, die ihm nicht nur nicht genützt, sondern der Rezeption seines Werks geschadet hat, indem sie den Blick darauf verengte.

Ernst Krenek (1900–1991) folgte seinem Lehrer Franz Schreker 1920 von Wien nach Berlin. 1926, als Dramaturg Paul Bekkers in Kassel, schrieb er seine sogenannte Jazz-Oper ›Jonny spielt auf op. 45‹, die zu einem Sensationserfolg wurde. 1928 zog er sich nach Wien zurück, nicht zuletzt, um sein kompositorisches Credo zu reflektieren (so im ›Reisebuch aus den Österreichischen Alpen op. 62‹). Unter dem Einfluß Theodor W. Adornos wandte er sich zu, die er 1933 in seiner Oper ›Karl V.‹ eindrucksvoll umsetzte. 1938 emigrierte er in die USA. Er unterrichtete dort an verschiedenen Univer-

Den Weg aus diesem Dilemma hat Schönberg selbst gewiesen: Im vielzitierten Vorwort seiner 1911 erschienenen ›Harmonielehre‹ stellte er die Frage, warum der Pädagoge denn unbedingt Halbgott sein wolle, warum nicht lieber Vollmensch. Als solcher, mit sämtlichen Facetten seiner humanen Existenz, harrt der Komponist noch der Entdeckung. Um seine Musik besser zu verstehen und tiefer in seine Vorstellungswelt einzudringen, scheint es folglich legitim, ja geboten zu sein, sich nicht nur mit dem öffentlichen Schönberg zu beschäftigen, mit dem Ehrfurcht gebietenden Klangvisionär, sondern ihn ganzheitlich zu betrachten, sich also auch und gerade mit dem Privatmann zu befassen.

Daß Schönberg »mit Haut und Haaren« Mensch war, daß es für ihn ein Leben außerhalb der Musik gab, dem er sich mit gleicher Intensität, Phantasie und Klugheit widmete, ist durch eine Fülle von Beispielen zu belegen. Da muß etwa seine Freude an Karten- und Brettspielen genannt werden. Der Komponist begeisterte sich für Whist wie Tarock und fertigte eigenhändig mehrere Sätze Kartenspiele an. Einer von ihnen läßt in seiner dekorativen, geometrischen Gestaltung an die Kunst der Wiener Werkstätten denken. Ein anderer, originellerer, verzerrt die Züge von Dame, König, Bube, den klassischen Figuren des französischen Blatts, ins Lächerlich-Groteske. So erblüht auf der Knollennase der Pik-Dame ein stattliches »Pikel«. (Mit) Karten zu spielen, bedeutete für Schönberg offenbar, sich auf witzige Weise zu unterhalten. Erheblich mehr Respekt brachte er dem Schach entgegen. Hier zu verlieren, formulierte er treffend, käme ihm vor, wie langsam erwürgt zu werden. Den martialischen Ursinn des strategischen Spiels hatte Schönberg klar erkannt. Er akzentuierte ihn obendrein, indem er eine Alternative zur klassischen Variante entwickelte: Sein »Koalitions-Schach« wird von vier Protagonisten bestritten, die sich

sitäten, verkehrte mit Arnold Schönberg wie Thomas Mann und schuf 1942 das Chorwerk ›Lamentatio Jeremiae op. 93‹, einen Klagegesang über Krieg und Tod.

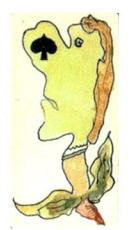

4 Pik-Dame

mit dem eröffnenden Gelb verbünden können. Jeder befiehlt ein Heer, dessen Kämpfer und Kampfgeräte (Flieger, U-Boot, Maschinengewehr) an den Außenseiten des Spielfelds postiert sind. Die im traditionellen Schach nicht vorkommenden Figuren agieren mit Kombinationen der üblichen Bewegungsmuster, können also beispielsweise in einem Zug linear (wie der Turm) und/oder diagonal (wie der Läufer) voran schreiten. Der neuen Dimension, die er aus einer alten Form entwickelt hatte, verlieh Schönberg auch ein neues Design: Er gestaltete ein Modell seines »Koalitionsschachs«, dessen Figuren auf wenigen Grundelementen wie Zylinder oder Würfel basieren und insofern an die Ästhetik des »Bauhauses« erinnern. Das hier zum Ausdruck kommende handwerkliche Engagement gehört zu den weiteren Wesenszügen des Komponisten, beschäftigte Schönberg sich doch zeitlebens als Bastler und Tüftler. Er war sich nicht nur nicht zu schade, ein Schränkchen für die Alltagsutensilien des Badezimmers zu entwerfen, sondern schreinerte sich seine Einrichtung oftmals selbst – mit solchem Geschick, daß selbst die anspruchsvolle Alma Mahler, ganz begeistert war, als sie ihn 1915 in Berlin besuchte: Schönberg habe seine Wohnung mit einfachsten Mitteln zu etwas »sehr Rarem und Besonderen« gemacht. Die heute noch erhaltenen Möbelskizzen Schönbergs zeigen Bücherschränke und Arbeitstische, die hinsicht-

5 Koalitionsschach: Spielanleitung aus der Hand respective Schreibmaschine Schönbergs

lich ihrer schnörkellosen, auf Funktionalität ausgerichteten Konstruktion den Einfluß von Adolf Loos verraten, dem Architekten und Freund des Komponisten, dem das Ornament bekanntlich als Verbrechen galt. Eine weitere, bis ins hohe Alter beibehaltene Lieblingsbeschäftigung Schönbergs war das Einbinden von Partituren. Er übte es einerseits aus, um sich bei einer manuellen Tätigkeit von der Anspannung geistiger Arbeit zu erholen, andererseits, so scherzte er einmal, bereite er sich damit auf seine Dirigierverpflichtungen vor.

Dem Bastler und Tüftler stand ein nicht minder fleißiger Bruder zur Seite: der Erfinder Schönberg. Diesem gebührt nicht zuletzt deswegen Ehre, weil er Mitte der zwanziger Jahre, seinerzeit im verkehrsreichen Berlin lebend, eine zukunftsträchtige Umsteigefahrkarte erfand, die es ihrem Käufer ermöglichte, beliebig zwischen Bus, Tram oder U-Bahn zu wechseln, und zugleich den Streckenbetreibern erlaubte, die Inanspruchnahme der erbrachten Leistungen exakt zu kontrollieren. Muß hier auch noch des Erfinders eines ausgeklügelten Signalsystems, das Opfer und Polizei geschickt vernetzte, gedacht werden? Wichtiger scheinen jene dinglichen Inventionen des Komponisten zu sein, die mit seinem schöpferischen Zentrum zusammenhängen: ein Notenständer mit vier Pulten, der die Kommunikation beim Quartettspielen erleichtern sollte; eine

Notenschreibmaschine, deren Entwicklung Schönberg so weit vorantrieb, daß ihm 1911 ein Patent für das neuartige Gerät erteilt wurde; oder das »Rastral«, eine 1943 projektierte Vorrichtung zum Ziehen von Notenlinien. Bedenkt man den nicht geringen kör-

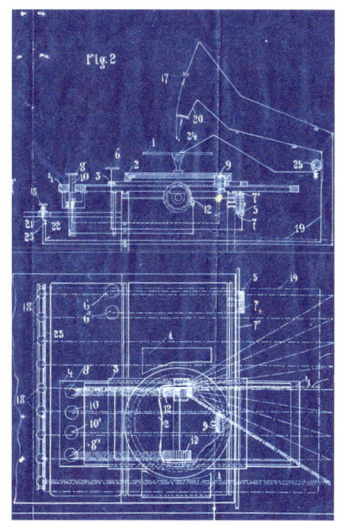

6 Entwurfzeichnungen Schönbergs zu einer Notenschreibmaschine

perlichen Einsatz, den das Basteln, Schreinern und Modell-
bauen erforderte, so bringt einen Schönbergs Begeisterung für
diverse Sportarten keineswegs zum Erstaunen. Die Ferien
verlebte er gern am Meer oder an einem See, um schwimmen
oder rudern zu können. Nach der Berufung an die Berliner
Akademie der Künste richtete er sich ein Pingpong-Zimmer
ein, in dem regelrechte Turniere abgehalten wurden. Seine
größte Liebe aber galt zweifelsohne dem Tennis, das er allerdings erst 1927 erlernte, im Alter von immerhin 53 Jahren.
Gertrud Schönberg, die zweite Frau des Komponisten, berichtete in einem Interview, daß ihr Mann es als schmeichelhaft
empfunden habe, wenn er für einen Tennislehrer gehalten
wurde, eine Verwechslung, die gar nicht selten vorgekommen
sei, wenn er im Tennisdress, zudem braungebrannt und von
drahtiger Figur, den Court betreten habe. Schönberg begegnete seinem spät erwachten Tennis-Faible mit ausgesprochenem
Selbsthumor. Das bezeugt jedenfalls eine 1928 im ›Artrud-Jour-
nal‹ (einer Art Ehe-Tagebuch, das er gemeinsam mit Gertrud
führte) verkündete Meldung: »ÄRZTLICHE NACHRICHT. An
dem bekannten Komponisten AS wurde der Ausbruch einer
Meschugennensis Sporticae Senilia konstatiert. Zunächst lässt
sich nichts anderes tun, als die weitere Entwicklung der Krankheit abzuwarten. Das heißt: man muß ihn von seinen Sport-
erfolgen reden lassen: man braucht ja nicht zuzuhören.« Indes,
Schönberg wäre nicht Schönberg gewesen, wenn er nicht auch
beim Tennis dazu geneigt hätte, den Dingen auf den Grund
zu gehen, eine eigene Position zu beziehen. So entwickelte er
eine Tennis-Choreographie, die es ermöglichen sollte, Partien
aufzuzeichnen und exakt zu analysieren. Auch beschäftigte
ihn die Philosophie des Spiels. In einem kleinen, unveröffent-
lichten Essay führte er aus, daß der erste Aufschlag im Fall
des Mißlingens mindestens ebenso streng bestraft werden

7 Das »Dorfmusikanten-Quin-   ▶
tett«, am Cello Arnold Schönberg,
zweiter von links der Geiger und
Komponist Fritz Kreisler (1875–
1962), Foto, 1900

müsse wie jeder andere Fehler, da diese eröffnende Aktion die einzige des game sei, die ohne Einfluß des Gegners vorgenommen würde.

Zu seinen treuesten Tennispartnern durfte Schönberg zwei Komponistenkollegen zählen: George Gershwin und Franz Schreker. Mit letzterem teilte er zudem das Vernarrtsein in Hunde, die ihn von der Mödlinger Zeit bis ans Ende seines Lebens begleiteten. Zahlreiche im Nachlaß befindliche Texte dokumentieren, wie genau er das Verhalten dieser Vierbeiner beobachtete. Schönberg habe, so ist in einer jener Fallschilderungen zu lesen, mit Schreker über den hündischen Markierungsdrang gesprochen. Dabei äußerte er die Vermutung, daß die Tiere markieren würden, um sich besser orientieren zu können; dies sei auch der Grund, weshalb sie auf Bahn-, Auto- oder Schiffsreisen so unglücklich wären, da ihnen in solcher Situation die Möglichkeit des Markierens genommen sei.

Beobachtungsgabe, verbunden mit parodistischem oder Sprachwitz, bildete auch die Basis von Schönbergs Humor. Daß der Komponist einen guten Sensus für ihn hatte, dokumentiert bereits eine 1900 aufgenommene Fotografie. Sie zeigt ihn als Mitglied eines imaginären, pseudo-folkloristischen »Dorfmusikanten-Quintetts«: als einen blöd vor sich hinstierenden Cel-

lospieler, in dessen Händen das Instrument wie eine Attrappe wirkt. Einen feineren Sinn für Humor als in dieser lichtbildnerischen Burleske offenbarte Schönberg als Verfasser von Aphorismen, die größtenteils um 1910 in der Zeitschrift ›Die Musik‹ veröffentlicht wurden. In einem verspottete er das Getue um Wunderkinder: Sie seien »Menschen, die in frühester Jugend schon so schlecht komponierten wie andere erst im reifen Alter«. In einem weiteren wartete er mit der Sentenz auf, manche Behauptung sei »nur deshalb nicht ganz falsch, weil sie dazu zu ungenau« wäre. Als Aphoristiker von äußerst bissigem Humor zeigte Schönberg sich in jenen seiner Miniaturen, die den Nationalsozialismus betreffen: Unter der Überschrift »Nationaler Aufmarschplan des nordischen Geblütes« notierte er Anfang 1932: »Je 10 blonde Helden gehen je über einen schwarzen Feigling. In wenigen Minuten ist so ein schwarzer Feigling, der dazu noch Jude ist, erledigt.«

In einer kurzen Notiz, die den nachgelassenen Schriften angehört, kritisierte Schönberg Karl Kraus, weil er behauptet habe, den Musikern sei ein tierischer Ernst zu eigen. Der »Fackel«-Träger, hielt der Komponist dagegen, habe wohl noch nie Tiere in Freiheit gesehen, sonst wüßte er, wieviel Humor sie hätten, sei dieser doch »das Vollgefühl körperlichen Behagens«. Letzteres suchte Schönberg – wenigstens phasenweise – durch beträchtliche Rationen an Alkohol und Nikotin zu stimulieren. Egon Wellesz, sein Schüler und erster Biograph (1921), überlieferte, daß der Komponist im Frühjahr 1900 gemeinsam mit Sängern des von ihm geleiteten Mödlinger Gesangsvereins eine Nacht durchzecht hätte: Danach sei man auf den Anninger gezogen, einen nahegelegenen Berg, um dort über dem im Frühnebel eingehüllten Wald den Sonnenaufgang zu erleben; dieses Naturschauspiel habe den Meister zum Schluß-Chor der ›Gurrelieder‹ inspiriert: »Seht die Sonne!« Als Schönberg

Egon Wellesz (1885–1974). Der in Wien gebürtige Komponist (als solcher Schüler Schönbergs), Musikwissenschaftler (als solcher Schüler Guido Adlers) und Byzantinist (als solcher Autodidakt) unterrichtete ab 1929 Musikwissenschaft an der Universität seiner Heimatstadt. 1938 emigrierte er nach England. Dort hatte er bereits einige Jahre zuvor die Ehrendoktorwürde der Universität Oxford erhalten. Nach längerer Abstinenz wandte er sich nach dem Zweiten Weltkrieg wieder verstärkt der Komposition zu, um bis zu seinem Tod neben anderem neun Sinfonien zu schreiben. Nicht wenige seiner künstlerischen Werke sind von der Klangwelt Byzanz' beeinflußt.

sich im Sommer 1912 auf der Ostsee-Insel Usedom erholte, erhielt er Besuch von Webern. Dieser schrieb an Berg, man habe morgens geschwommen, nachmittags gesegelt, des Abends aber ein »Champagnergelage« zelebriert. Gesundheitliche Schwierigkeiten, Probleme mit Atmung und Herz, veranlaßten Schönberg wiederholt, den geistigen Getränken zu entsagen. Seine Abstinenz hielt allerdings nie länger als ein, zwei Jahre an – Grund genug für ihn, die eigene Wankelmütigkeit zu verspotten. In einem Brief vom 2. Oktober 1942 schrieb er seinem Freund Erwin Stein, er habe anläßlich einer Party lauter Alkohol geschenkt bekommen: »Und eben jetzt wo ich nicht trinke – aber wenn ich das Rauchen wieder aufgebe, wird das Trinken ein bißchen Freude machen.« Dem irrationalen Verhältnis zu den verschiedenen Narkotika entsprach Schönbergs tiefer Aberglaube. Obgleich am Dreizehnten geboren, hegte der Komponist vor der traditionellen Unglückszahl höchsten Respekt, wenn er sie nicht gar fürchtete. So hielt er es für einen Wink des Schicksals, daß er die Arbeit an seinem 1936 vollendeten ›Violinkonzert op. 36‹ just auf Seite 13 unterbrechen mußte, weil er plötzlich erkrankte und sich ausgerechnet an dieser ominösen Stelle in der Taktzählung geirrt hatte. Schönbergs Glaube, die das Dutzend überrundende Ziffer könne sein Fatum negativ beeinflussen, wirkte sich auch auf die Titelgebung seiner Oper ›Moses und Aron‹ aus. Denn er vermied hier die übliche Schreibweise (Aaron), um die Gesamtzahl von 13 Buchstaben zu umgehen.

Der Versuch, den »Vollmenschen« auch nur ansatzweise zu erfassen, wäre a priori gescheitert, wenn man nicht auch der Leidenschaften Schönbergs gedächte, seiner Fähigkeit zu lieben und zu trauern. Ohne ein amouröses Tagebuch aufblättern zu

Mein Vater hatte zwei Arbeitszimmer. Das sogenannte »erste Zimmer« lag mit Blick auf den vorderen Garten und das Tor hinaus. Dort komponierte Papa, und dort verwahrte er seine Manuskripte, seine Partituren und Schreibutensilien. […] Die Werkstätte dazu war das sogenannte »zweite Zimmer«. Beide Zimmer waren abgeschlossen, damit ihn niemand bei der Arbeit stören konnte oder übereifrige »Aufräumer« hinein konnten. Mein Vater war nämlich überzeugt, daß durch Abstauben und Wegräumen seine schöpferischen Erzeugnisse in Gefahr kommen könnten. Nur meine Mutter durfte diese Zimmer räumen.

Aus Nuria Nono-Schoenberg, ›Die Arbeitszimmer meines Vaters in Brentwood, Los Angeles‹, 1992

wollen (noch es zu können), darf gesagt werden, daß sein Verhältnis zum Eros unverkrampft und frei von bürgerlicher Prüderie war. Die ersten Liebesbriefe Schönbergs, zu Beginn der achtzehnneunziger Jahre an seine Cousine Malvina Goldschmied geschrieben, verraten einen jungen Mann, der seine Liebesseligkeit zwar hinter einem Kürzel verbarg (»I. l. D.«, den Anfangsbuchstaben von: Ich liebe Dich), der sich aber – hier als Spaßvogel, dort als Künstler und Philosoph – recht geschickt in Szene setzte. Malvina jedenfalls war von den Ausführungen ihres Cousins so beeindruckt, daß sie eine kommende »Größe« in ihm sah. Darf man hier auch den Kompositionslehrer erwähnen? Immerhin unterrichtete Schönberg in seiner Wiener respektive Mödlinger Zeit außergewöhnlich viele Frauen: unter ihnen – seit 1898 – Vilma von Webenau, seine erste Schülerin überhaupt, die Musikhistorikerin Elsa Bienenfeld, die spätere Fotografin Lisette Model, die Pianistin Olga Novakovic und Martha Koref, die nachmalige Gattin des Komponisten Viktor Ullmann, der ebenfalls die Kurse des Meisters besuchte. Das Moment erotischer Faszination in Schönbergs Unterricht konnten seine Elevinnen wohl kaum negieren. Doch war es nur eine jener vielen psychischen Wechselwirkungen, die sich bei pädagogischer Arbeit einzustellen pflegen. Bei mancher Interpretin wandelte es sich allerdings zu einer regelrechten Obsession. So vermochte die Schauspielerin Albertine Zehme, die 1912 seinen Melodramen-Zyklus ›Pierrot lunaire‹ zur Uraufführung brachte, den Komponisten anfangs durch ihre Fraulichkeit einzunehmen. Schönberg schwärmte, sie besäße »das Abgewandte«, das »Herzliche, Schlichte«, kurz: all das, was er möge. Dann aber versuchte die Künstlerin, ihn durch materielle Gunstbeweise an sich zu fesseln. Sie finanzierte eine Aufführung der ›Gurrelieder‹, bei der sie die Interpretation des Sprechparts übernahm, überließ ihm für geraume Zeit eine ko-

Meine Musik ist angeblich nicht gefühlvoll. Natürlich ist sie nicht: »Oh, Liebling, du bist so wunderbar, ich liebe dich so sehr.«
Es gibt auch andere Arten von Liebe, zum Beispiel die zu Alberich, Monostatos, Don Juan, aber auch zu Petrarca […].
Es gibt auch verschiedene Arten von Gefühlen. Es gibt Eifersucht, Hass, Begeisterung.
Es gibt die Liebe zu Idealen, zu Tugenden, zu seinem Land, zu seiner Stadt oder zu seinem Dorf und den Einwohnern.

stenfreie Wohnung und überhäufte ihn mit Geschenken. Mit dem Erfolg allerdings, daß Schönberg sich nicht angezogen, sondern eingeengt fühlte und der Verdacht in ihm aufkeimte, die reich verheiratete Zehme wolle sich die Mitwirkung bei den Aufführungen seiner Werke erkaufen.

Nimmt man Konfliktfähigkeit als Maßstab für die Intensität einer Beziehung, muß Schönbergs Verbindung mit seiner ersten Frau als überaus belastbar gelten. 1908 stand die Ehe wegen eines Seitensprungs Mathildes kurz vor dem Scheitern. Arnold war bis ins Mark getroffen, dachte zeitweilig sogar an Selbstmord. Doch näherte sich das Paar Schritt für Schritt wieder einander an. Und als Mathilde 1923 starb, trauerte Schönberg so tief, daß er ihr ein (unvertont gebliebenes) ›Requiem‹ widmete: »Der Text [...] ist fertig. Es soll ein Denkmal werden, daß noch in vielen hundert Jahren man den Namen Mathilde mit der Bewunderung nennen wird, wie sie eine Frau verdient, die imstande war, solche Liebe zu wecken wie Du!« Wenige Monate nach dem vorzeitigen Tod Mathildes erlebte der Komponist einen zweiten Frühling. Er verliebte sich in Gertrud, die Schwester seines Schülers Rudolf Kolisch. Nun begann der fünfzigjährige Komponist wie ein Jüngling mit seinem Äußeren und seinen Gewohnheiten zu experimentieren: Er ließ sich vorübergehend einen Oberlippenbart wachsen, trug ausgesucht elegante Kleidung, zeigte Gefallen an dem, was man damals in Europa unter Jazz verstand, durchstreifte mit Freunden die Bars der Wiener Innenstadt. Und er krönte den neuen Lebensabschnitt, indem er 1924 seine 24 Jahre jüngere Geliebte heiratete. Der neue élan vital Schönbergs, der 1925 durch die Berufung an die Berliner Akademie der Künste beschleunigt wurde, hielt in den nächsten Jahren an. Die beiden stürzten sich ins gesellschaftliche Leben, trieben Sport oder verreisten gemeinsam und brachten 1929 ihr erstes »Kind« hervor: die

Es gibt nicht nur Freude. Es gibt auch Traurigkeit, Trauer, Mitleid und Neid. Es gibt auch Zorn.
Es gibt Verachtung, Stolz, Hingabe, Wahnsinn, Furcht, Panik, Mut, Bewunderung. …
Die Liebe zu gutem Essen und Trinken und zur Schönheit der Natur, zu Tieren, Blumen und exotischen Steinen.
Die Liebe zum Gesang eines Vogels und zu Kampfspielen.
Aus ›Biografie in Begegnungen‹, undatiert

einaktige Zeitoper ›Von heute auf morgen op. 32‹, deren buffo-
nesker, von Gertrud stammender Text das moderne (Ehe-)
Leben persifliert, während Arnolds verschrägte Klänge so un-
heilvoll rumoren, als wüßten sie von kommendem Leid. Drei
Jahre nach dem Bühnenwerk kam der erste leibliche Sprößling
der Schönbergs zur Welt: ein Mädchen, dem der Name Dorothea Nuria gegeben wurde, eine Tochter, für die Schönberg –
ganz Papa – das ›Nullele-Pullele-Lied‹ schrieb. 1937 folgte der
erste Sohn, Rudolf Ronald, 1941 der zweite, Lawrence Adam:
beide Kronzeugen einer selbst im Alter nicht versiegenden
Manneskraft.

Obwohl »Vollmensch«, hätte zumindest der junge Schönberg gegen eine auch nur begrenzte Darstellung seines Privat-
lebens opponiert – weil er sie als Einmischung in innere Angelegenheiten empfunden haben würde. Und weil ihm die
Musikerbiographien des 19. Jahrhunderts verhaßt waren, verklärten sie ihre Figuren doch meist zu Heroen, um im gleichen Atemzug die Auseinandersetzung mit den Fakten der
Komposition zu vernachlässigen. So war er vom Schönberg-
Buch des ansonsten überaus kritisch beäugten Egon Wellesz
vor allem deshalb angetan, weil es nicht lobte, sondern Tat-
sachen berichtete.

Die historische Distanz erlaubt es, sich heute über den Willen des Komponisten hinwegzusetzen – zugunsten seines
Werks, dessen wundersame Komplexität nur erschlossen werden kann, wenn man es von allen denkbaren Seiten betrachtet
und jeden, aber auch jeden Erkenntnisansatz einbezieht. Ist es
denn nicht aufschlußreich, daß Schönberg, dieser findige homo ludens, sich während der Arbeit an seinem ›Bläserquintett
op. 26‹ eine Drehscheibe bastelte, die es ihm erlaubte, auf
spielerische Weise die Gestalt der Zwölftonreihe zu variieren
und deren Kombinationsmöglichkeiten zu erkunden? Ist es

Der »Lehrer muß den Mut haben, sich zu blamieren. Er muß sich nicht als
der Unfehlbare zeigen, der alles weiß und nie irrt, sondern als der Unermüdliche, der immer sucht und vielleicht manchmal findet. Warum Halbgott sein wollen? Warum nicht lieber Vollmensch?«

Aus ›Harmonielehre‹, Vorwort, 1911

denn belanglos festzustellen, daß Schönberg just zu jener Zeit, als seine Liebe zu Gertrud aufbrandete, Ensemblestücke skizzierte, die so heiter-plakative Titel trugen wie ›Jo-Jo-Foxtrott‹, ›Film-Diva‹ oder ›Tennis-Ski‹ – Sätze, aus denen er später seine ›Suite op. 29‹ formte? Ist es denn eine Petitesse zu konstatieren, daß deren architektonische Klammer aus den Tönen G und Es besteht, den Initialen seiner jungen Ehefrau? Ist es wirklich unwichtig, daß der Komponist das sechste seiner ›Klavierstücke op. 19‹ mit seinen sparsamen, morendo verhauchenden Akkorden unmittelbar nach dem Tod Gustav Mahlers niederschrieb, des früh verstorbenen Freunds, den er wie einen Heiligen verehrte? Muß Schönbergs Werk nicht in all seinen Dimensionen geschützt werden: wie ein ganz besonderer, ein klingender Garten, den doch die braunen Stiefelträger zertrampeln wollten? Muß man es nicht vor jenen Kritikastern bewahren, die es unter Zuhilfenahme der lingua tertii imperii erneut diskreditieren, nur weil es anders ist, anders als der Mainstream als popartige Klassik oder klassikartiger Pop? Der Auszug eines 1998 vom Nachrichtenblatt ›Der Spiegel‹ veröffentlichten Artikels, dessen Autorin hier nicht genannt werden soll, um sie nicht bloßzustellen, entlarvt diese Fragen leider als rhetorische: »Mit dem Namen Schönberg verbindet sich kein Klang, er ist das Synonym für Musik, die nicht erfühlt, sondern mit dem Rechenschieber erdacht wurde. Während die Welt sich schnell an kubistische Formtöter gewöhnte […], werden Schönbergs Kompositionen bis heute als blutleere Konstrukte empfunden.«

8 Der Kritiker. Gemälde von
Arnold Schönberg, undatiert

Den Kern herausheben
Aspekte der Kindheit und Jugend

Im Unterschied zu seinen nachmaligen Leitbildern, zu Bach, Beethoven oder auch Brahms, wuchs Arnold Schönberg nicht in einer Musikerfamilie, sondern in einem kleinbürgerlichen Geschäftshaushalt heran. Sein Vater, der 1838 geborene Samuel Schönberg, stammte aus einer jüdischen Familie, die seit langer Zeit im Einzugsgebiet des heutigen Bratislava wohnte. 1852 war Samuel nach Wien übersiedelt, um als Lehrling in einem kaufmännischen Betrieb zu arbeiten. Etwa 1870 hatte er dort die zehn Jahre jüngere, in Prag geborene Pauline Nachod kennengelernt, die ebenfalls einer jüdischen Familie angehörte. Nur wenig später, am 17. März 1872, heirateten die beiden. Bald entschieden sie, den Lebensunterhalt für sich und ihre künftigen Kinder durch einen kleinen Schusterladen zu verdienen. Der Umgang mit Leder und Leim blieb auf den Zweitgeborenen (ein erstes Kind war bald nach der Geburt gestorben) nicht ohne Einfluß: Der am 13. September 1874 zur Welt gekommene Arnold erfreute sich zeitlebens an handwerklicher Tätigkeit, nicht zuletzt an der eigenen.

Ein kleiner Schusterladen in der Haupt- und Residenzstadt des großen Habsburger Reichs: Man ahnt den Existenzkampf, riecht den Hinterhof. Dies heißt aber nicht, daß Arnold samt seinen Geschwistern, der zwei Jahre nach ihm geborenen Ottilie und dem acht Jahre jüngeren Heinrich, eine sang- und klanglose Kindheit durchlebt hätte. Immerhin gab es unter den mütterlichen Vorfahren zahlreiche Kantoren, die an der Altneuschul, der Hauptsynagoge von Prag, gewirkt hatten:

> Er war ein wilder und energischer Junge und schon in seinen frühen Tagen bekannt für seine witzigen und schnippischen Antworten [...]. Wenn auch seine musikalische Begabung von der Nachod-Familie kam, bin ich doch überzeugt, daß er sein Genie vom Vater geerbt hat, der ein Träumer und Denker war und eine Art von anarchistischem Idealisten.
>
> *Hans Nachod über seinen Cousin Arnold*

Musiker, die ihr Talent an zwei Neffen Paulines weiterreichen konnten, an Walter Josef und Hans Nachod, die zu namhaften Opernsängern wurden. Zudem besaß auch Samuel Schönberg eine gute Singstimme, die ihn als Choristen durchaus begehrt machte.

Die musikalische Mitgift der Eltern sowie seine schon früh registrierte Lebhaftigkeit, die sich bis zur Nervosität steigern konnte, legen die Vermutung nah, daß bereits der Knabe seine Umgebung mit scharfen Sinnen wahrnahm. So werden Arnold die religiösen Gesänge und Rituale des jüdischen Gottesdiensts beeindruckt haben, vor allem nachdem 1887 der repräsentative Leopoldstädter Tempel eingeweiht worden war, der unweit der Schönbergschen Wohnung lag.

Die jüdischen Bürger, ihr Brauchtum und ihre Lebensart gehör(t)en zum charakteristischen Bild der Leopoldstadt: des 2. Wiener Bezirks, den der Volksmund einst »Mazzesinsel« taufte, weil er von Donau und Donaukanal umflutet wird. Ein anderes Gesicht offenbart(e) der Stadtteil in jenen Vierteln und Einrichtungen, die seit Joseph II. dem Vergnügen der Bevölkerung dienen: so der Prater, der sich in den Wurstelprater mit dem Riesenrad und den Grünen Prater aufteilt, eine parkähnliche Fläche, die Freiluftkonzerten und Sportveranstaltungen Raum gibt; so die zahlreichen Bühnen wie das Leopoldstädter Theater, für das Ferdinand Raimund seine Zauberspiele schrieb, oder das nachfolgende Carltheater, das sich unter Johann Nestroy zu einem der wichtigsten Wiener Operettenhäuser entwickelte.

Die Leopoldstadt als Vergnügungsmeile: Sie sollte in ihrem Einfluß auf Schönberg keinesfalls unterschätzt wer-

9, 10 Familie Schönberg: links der Vater, Samuel Schönberg, rechts die Mutter Pauline Nachod mit Ottilie und Arnold

den. Denn vor allem im Grünen Prater hatte der Junge immer
wieder Gelegenheit, kostenlos Konzerte zu hören: Chorver-
einigungen oder Kapellen zu erleben, sich an Blumenliedern,
Walzern oder Märschen zu erfreuen. So besuchte er gern die
Veranstaltungen des in der Strauß-Nachfolge stehenden Mi-
litärmusikdirektors Karl Komzak, dessen Dirigierkunst er bewunderte. Daß er 1921 beziehungsweise 1925 die Strauß-Wal-
zer ›An der schönen blauen Donau‹ und ›Rosen aus dem
Süden‹ für Ensemble bearbeitete, könnte ein spätes Echo auf
das im Prater Erlebte sein. Und auch das Repertoire des
Carltheaters zeigte Nachwirkungen auf Schönberg. Noch zu
Beginn der zwanziger Jahre, als er schon längst der gefragte
Kompositionslehrer war, gab er sich als Freund des Wiener
Lieds zu erkennen, indem er seinen Schülern die Feinheiten
des ›Fiakerlieds‹ aufzeigte, jenes von Gustav Pick vertonten
Schlagers, der durch den Operettendarsteller Alexander Gir-
ardi international bekannt geworden war. Die Wertschätzung
Franz Lehárs, den Schönberg gewöhnlich mit »Meister« an-
sprach, mag ebenfalls mit seiner musikalischen Sozialisation
zusammenhängen, einer Prägung, die für die Leopoldstadt
durchaus typisch war. Oder ist es nur Zufall, daß Oscar
Straus, ein weiterer Genius der Wiener Operette, wie Schönberg in der Donaustraße zur Welt kam, in jener Chaussee, die
den 2. Bezirk von der Innenstadt abgrenzt?

   Die vielfältige Klangwelt der Leopoldstadt stieß nicht auf
taube Ohren: Etwa 1882, zwei Jahre nach seinem Eintritt in die
dortige Volksschule, begann Arnold voller Eifer das Geigenspiel
zu erlernen. Seinem Lehrer wird der Kleine Freude bereitet
haben. Immerhin schickte dieser sich schon ein Jahr später an,
das am Instrument Erlernte kompositorisch umzusetzen.

   Als der elfjährige Stückeschreiber 1885 in die kaiserlich-kö-
nigliche Oberrealschule der Leopoldstadt wechselte, weitete

Als noch nicht neunjähriges Kind hatte ich angefangen, kleine und größere
Stücke für zwei Violinen in Nachahmung solcher Musik zu komponieren,
die ich mit meinem Lehrer oder einem Cousin zu spielen pflegte. Als ich
Violinduos von Viotti, Pleyel und anderen zu spielen vermochte, ahmte
ich ihren Stil nach. So machte ich in dem Maß Fortschritte im Komponieren, in dem ich Fortschritte im Spielen machte.
Aus ›Bemerkungen zu den vier Streichquartetten‹, 1949

sich sein musikalischer Horizont abermals: Denn unter seinen neuen Mitschülern gab es eine Reihe begabter Instrumentalisten, mit denen er fortan musizierte. Zu ihnen zählte der spätere Arzt und Geigenlehrer Oskar Adler. Er regte Arnold nicht nur an, sich auf das Cellospielen zu verlegen, um die Streichquartette der klassischen Meister sinnlich erfahren zu können, sondern führte Schönberg auch in die Musiktheorie ein und blieb ihm wie seinem Kreis bis ins hohe Alter verbunden. So bedankte sich Adler, der in den zwanziger Jahren als Astrologe reüssierte und 1938 vor den Nationalsozialisten aus Wien fliehen mußte, noch 1950 bei dem Schönberg-Schüler Erwin Ratz, weil dieser ihn bei der Redaktion seines Hauptwerks ›Das Testament der Astrologie‹ unterstützt hatte. Wichtiger, doch bisher unbeachtet, erscheint die Tatsache, daß Adlers dort niedergelegtes Bekenntnis (seine Forderung nach der »Ehrfurcht vor den Denkern vergangener Zeiten« und dem »reinen Streben nach Wahrheit«) die Nähe zu Schönbergs schöpferischem Ethos nicht leugnen kann.

Die Oberrealschule selbst, mochte sie auch kaiserlich-königlich sein, bot dem Heranreifenden in musischer Hinsicht kaum etwas. Der philologische Fächerkanon umfaßte neben Deutsch nur Neusprachen, nämlich Englisch und Französisch. Im übrigen lag der Schwerpunkt auf naturwissenschaftlichen Disziplinen: auf Mathematik, Geometrie, Chemie und Zoologie. Von seiner Schulzeit blieb Schönberg insgesamt unbeeindruckt: Er absolvierte die Klassen zwar überwiegend mit besten Zensuren, die damals noch »lobenswert« und »befriedigend« hießen, doch lag es dem Erwachsenen fern, sich in »Feuerzangenbowlen«-Manier an seine Pennälerjahre zu erinnern.

Ein Schicksalsschlag schleuderte Arnold aus der ruhigen Bahn des Schülerdaseins: Am 31. Dezember 1889 starb sein Vater an den Folgen einer in Wien grassierenden Grippe-Epide-

Ich habe das Glück gehabt, in der Mittelschule Deutsche Sprachlehre bei einem Lehrer zu lernen, der in alle seine Schüler den Haß gegen abgegriffene, leere, falsche, bildlose Phrasen verpflanzte: Franz Willomitzer, Verfasser einer im alten Österreich sehr geschätzten ›Deutschen Grammatik‹.
Aus ›Vortrag zu Ehren von Johannes Brahms‹, 1933

mie. Alsbald hieß es für den fünfzehnjährigen Halbwaisen, vorzeitig die Schule zu verlassen und eine kaufmännische Lehre zu beginnen: bei der Privatbank Werner & Co., die im 1. Bezirk residierte, unweit der heimatlichen Leopoldstadt. Stärker als diese äußeren Veränderungen muß den Pubertierenden der Verlust seiner Identifikationsfigur getroffen haben, war ihm der Vater, der als politischer Freidenker und idealistischer Schwärmer beschrieben wird, doch offenkundig Leitbild. Dem Moment der Trauer begegnete Schönberg indes auf eine Art, die schon die Kraft des späteren Genius spüren läßt: Als wolle er seinen Schmerz sublimieren, reagierte er mit einem kreativen Schub. Sein entfesseltes Schöpfertum trat in Gedichten zutage, in Versen, die von Liebe und Vergänglichkeit, von Größe und Schwäche des Menschen reden. In einem vermutlich im Sommer 1890 vollendeten Poem, ›Du Starke‹ betitelt, besingt der jugendliche Lyriker eine verborgen bleibende Geliebte, weil sie vom »selben zwiespältigen Stoffe« sei wie er: »Ein blühender Zweig auf morschem Holz; / Kraft, die aus Schwäche erblüht; / Furcht, die aus Furchtlosem schöpft; / Seele mit zuckendem Fleisch. / Nicht Seele von blühendem Blut. // Wer von uns Schwachen ist stärker?« Ein anderer, zur selben Zeit entstandener, unbetitelter Mehrzeiler scheint unmittelbar den Tod des Vaters zu reflektieren: »Seit du nicht mehr bei mir bist, / Ist mein Leben leer – / Selbst mein Lieben, dem sein Ziel geraubt, / Hat die frühre Kraft nicht mehr.« In einem weiteren Gedicht jener Tage bringt Schönberg seine Sehnsucht zum Ausdruck, den Bergen gleich zu sein, in ihren Höhen zu atmen, mit freiem Auge zu blicken, »Größtes im Kleinsten auch sehend« – eine Korrelation, die bereits auf ein wichtiges Konstruktionsprinzip des Komponisten verweist.

Stimme der Väter
Stimme der Väter, aus diesen
  Bergen
  sprecht zu mir.
Weisheit trinkend, alters-
  geschenkte,
  hör ich euch zu.

Euch, die ihr älter
als all meine Sehnsucht,
  die doch noch älter als ich.

Euch, die ihr jünger
als all meine Klugheit,
  die doch noch jünger als ich.

Euch, die ihr stärker
als all meine Schwäche,
  die doch noch stärker als ich.

Stillt meine Sehnsucht,
teilet die Klugheit,
Nehmet die Schwäche von mir.

Die Lücke, die der vorzeitige Tod des Vaters hinterlassen hatte, konnte Schönberg weiterhin dadurch schmälern, daß er den Umgang mit ihm vertrauten Menschen intensivierte. Hier sei des Onkels Fritz gedacht, des Bruders seiner Mutter: Friedrich Nachod führte seinen Neffen in die Grundlagen der Poetik ein, lehrte ihn Französisch, stand aber auch für die Freizeit zur Verfügung, etwa wenn es galt, ausgedehnte Spaziergänge durch den Prater zu unternehmen. Die Beziehung zu seiner Cousine Malvina Goldschmied mag für den zum Mann heranreifenden Arnold kaum weniger wichtig gewesen sein. Das blasse, ebenfalls aus der mütterlichen Familie stammende Mädchen zog den wenige Jahre älteren Knaben sichtlich an. Die auf wundersame Weise erhaltenen Liebesbriefe Arnolds verraten allerdings nicht nur den erotisierten Schreiber, sondern auch – trotz seiner jugendlichen Jahre – den suchenden Denker. Als solcher widersprach Arnold der Behauptung seiner Cousine, in der Bibel stehe so mancher Unsinn: »[...] nun darauf muß ich als Ungläubiger Dir entgegnen«, teilte er Malvina am 23. Mai 1890 mit, »daß in der Bibel nirgends ein Unsinn steht. Denn es sind dort die allerschwierigsten Fragen, was Moral, Gesetzgebung, Volkswirtschaft, Heilkunde betrifft, in der einfachsten Form, freilich oft vom zeitgenössischen Standpunkt aus betrachtet, gelöst [...].« An einem Ort, der es zunächst nicht vermuten läßt, im Poesiealbum Malvinas, legte Arnold ebenfalls 1890 Verse nieder, die man ohne Übertreibung als seine Lebensmaxime bezeichnen könnte: als a posteriori erfüllten Grundsatz, der zur Hoffnung und zur Suche nach der eigenen Mitte veranlassen sollte: »Denn nicht nach dem, was scheinet, mußt / Du richten; deiner selbstbewußt, / Sollst Du, den Kern herauszuheben, / Nicht auf den äußern Schein nur

Ihr, nur ihr allein könnt es,
ihr, die ihr älter
und jünger
und stärker
   als alles, was alt und jung
   und stark in mir ist.

Ihr Grauen, ich bete zu Euch,
laßt in Frieden mich grauen,
schenkt mir weiße Haare und
   Weisheit,

schenkt mir die Ruh der gestillten
   Sehnsucht,
schenkt mir die Kraft
   des Entsagens,
die Schwäche wandelt in Stärke.
   Laßt einen Alten mich werden,
   einen Greis mit stillem Lächeln,
   mit freundlichem Blick und
   freundlichem Herzen.
   Einen Greis, wie ich ihn liebe.
Arnold Schönberg

geben.« Erinnern diese Zeilen, deren Bedeutung ihr Urheber strukturbewußt unterstreicht, indem er sich des Enjambements bedient, nicht an Schönbergs spätere Aussage, man solle bei der Analyse seiner Musik nicht untersuchen, wie sie gemacht, sondern wie sie sei? Lassen sie nicht jetzt schon an seine hochkarätige Wortverdrehung denken, es sei nicht alles kein Gold, was nicht glänzt? Enthalten sie in ihrem Kern nicht schon die Frucht, das künstlerische Ethos des Komponisten?

Neben Onkel Fritz und Malvina fand Arnold eine Bezugsperson in David Josef Bach, der, laut Schönberg, später nicht nur Literaturkenner, Philosoph, Mathematiker und ein guter Musiker wurde, sondern auch sein Erzieher, indem er ihn »mit jener ethischen und moralischen Kraft« ausgestattet habe, »die beim Widerstand gegen Vulgäres und platte Popularität vonnöten« sei. Die gleichaltrigen Freunde waren sich erstmals zu Beginn der neunziger Jahre begegnet. Bach hatte sich eines

schönen Sommertags zu einem seiner Lieblingsplätze aufgemacht: in den Prater, vor den Zaun des Ersten Kaffeehauses. Dort wollte er – wie üblich im Verein mit anderen, ebenfalls mittellosen Musikliebhabern – einige jener Klänge erhaschen, die von dem nahen, durch ein Militärorchester bespielten Gartenpavillon hinüberwehten. Doch sah er sich bei seiner Lauschaktion bald empfindlich gestört: »[…] ein junger Bursch, in hellgelbem kurzen Über-

11 Arnold Schönberg mit seinen Cousins Rudolf und Edmund Goldschmied sowie der Cousine Malvina Goldschmied in Vöslau, Foto, um 1884

rock, sprach laut von der Musik und über sie, die aus dem Gartenpavillon herüberscholl.« Aus dieser kleinen Konfrontation, denn der »Bursch« war niemand anders als Arnold, der Banklehrling, entwickelte sich eine große, die Jahrzehnte überdauernde Beziehung. Als eine ihrer wertvollsten Insignien darf man einen dreistimmigen Kanon betrachten, dessen Text und Musik Schönberg 1934 vollendet hatte, um mit ihm dem nunmehr sechzigjährigen Freund zum Geburtstag zu gratulieren – aus David Bach, dem Prater-Jüngling, war zwischenzeitlich der Kunststellenleiter der Stadt Wien, der Musikredakteur der ›Arbeiterzeitung‹ und der Organisator der ›Arbeiter-Symphoniekonzerte‹ geworden, aus der Habsburger Monarchie die Dollfuß-Republik.

Schönbergs die Kunst der alten Niederländer aufgreifender Geburtskanon bedachte keinen Unwürdigen: Immerhin hatte David Josef Bach gewichtigen Anteil daran gehabt, daß aus dem Bankkaufmann in spe ein Komponist in re wurde. Denn als die beiden 1893 ihre Sommerfrische gemeinsam im niederösterreichischen Kierling verlebten, spielte David dem Freund die Verse eines Schulkameraden namens Alfred Gold zu, auf deren Grundlage Arnold sein erstes vollständig erhaltenes Stück komponierte: das Klavierlied ›In hellen Träumen hab ich Dich oft geschaut‹. Außerdem brachte ihn der schon seinerzeit politisch links stehende Bach mit sozialistischen Gedanken und mit dem Marxismus in Berührung, so daß Schönberg sich für die Probleme der Arbeiter zu erwärmen begann.

Die Sympathie des jungen Manns mit der proletarischen Bewegung war durchaus naheliegend. Immerhin lebte er wie das Gros der Wiener Lohnabhängigen am Rand der Armutsgrenze, war es ihm wie ihnen finanziell zumeist verwehrt, an wichtigen Kulturereignissen seiner Heimatstadt teilzunehmen, die Oper oder die Konzerte der Philharmoniker regelmäßig zu

Kanon für David J. Bach

Wer mit der Welt laufen will,
muß Zeit haben:
läuft sonst zu rasch.

Wer sich als Held raufen will,
muß Leid tragen:
wiegt sonst zu leicht.

Wer Wert für Geld kaufen will,
muß weit fragen:
gibt sonst zuviel!

Arnold Schönberg

besuchen. Ihnen gleich sah er sich gezwungen, weitgehend autodidaktisch zu arbeiten, wenn er sich weiterbilden wollte, und sich in diversen Musiziergruppen eine eigene Infrastruktur zu schaffen. Bezeichnend für diese Situation ist Schönbergs vielzitierte Aussage, er habe bis zu seinem 19. Lebensjahr warten müssen, bis das von der Familie auf Raten gekaufte Meyersche Konversationslexikon den »langersehnten Buchstaben ›S‹« erreichte, um dort unter »›Sonate‹ zu erfahren, wie ein erster Satz eines Streichquartetts gebaut sein sollte.«

Aus der bitteren Erfahrung, den eigenen Bildungsdrang und Erkenntniswillen durch materielle Begrenzungen gehemmt zu sehen, zog Schönberg eine bewundernswerte Konsequenz: Zeitlebens, sogar in den nicht wenigen Phasen, während derer er selbst unter Geldmangel litt, gewährte er begabten Schülern auch dann Unterricht, wenn sie mittellos waren. Zu den so Beschenkten gehörte der deutsche Komponist Winfried Zillig, der 1925 eine Reihe von Gratisstunden erhalten hatte.

Dem musikalischen Bildungshunger Arnolds entsprach auch seine Bereitschaft, im Verbund mit anderen Enthusiasten ein Liebhaberorchester zu gründen: die (etwa) 1893 ins Leben gerufene »Polyhymnia«. Da der Elan ihrer Mitglieder in umgekehrtem Verhältnis zu deren Orchestererfahrung stand, suchte man, als einige Zeit verstrichen war, nach einem ebenso routinierten wie preisgünstigen Dirigenten – ein alltäglicher Vorgang, der für Schönberg indes schicksalhafte Bedeutung erlangen würde. Denn die Wahl der »Polyhymniker« fiel auf keinen Geringeren als Alexander Zemlinsky: den dreiundzwanzigjährigen Absolventen des Wiener Konservatoriums für Musik und Darstellende Kunst, der sich gerade am Vorabend seiner internationalen Karriere befand, die ihn nach Prag und Berlin führen sollte. Jahrzehnte später ließ der renommierte Dirigent

Und jetzt kommt noch ein Punkt[,] der mich beschämt. Wie hätte ich armer Teufel je Ihr Schüler werden können, wenn Sie nicht so sehr vornehm in dem Punkt gewesen wären, der heute so vielen den Weg absolut versperrt. Gerade dafür danke ich […] Ihnen auch im Namen meiner Eltern herzlichst.

Zillig an Schönberg, 30. Dezember 1925

und Komponist die Probenarbeit mit der »Polyhymnia« Revue passieren: »Nun, solche Vereine hat es immer gegeben; das war nichts Ungewöhnliches. Jedoch an dem einzigen Cellopult saß ein junger Mann, der ebenso feurig wie falsch sein Instrument behandelte, […] und dieser Cellospieler war kein anderer als Arnold Schönberg.«

Trotz der heiklen Konstellation – hier ein musikbesessener Dilettant, dort ein ausgebildeter Berufsmusiker – kam es ohne Umschweife zum Gespräch, ja gelang es, einen kritischen Dialog zu eröffnen. Auf der einen Seite packte Schönberg die Gelegenheit beim Schopf, sich von Zemlinsky kompositorisch beraten zu lassen. Auf der anderen spürte Zemlinsky, daß dieser Schönberg die richtigen Fragen stellte und in der Lage war, eigenständig, bar jeder akademischen Attitüde zum Kern der Sache vorzudringen. So entstand eine Arbeitsgemeinschaft, in der man sich wechselseitig die jeweils aktuellen Kompositionen zeigte: eine Kooperative, zu deren Beginn der Ältere und Erfahrenere zwar behutsam den Weg wies, niemals jedoch in die Rolle des Dozenten schlüpfte. Schönberg profitierte von diesem unorthodoxen Procedere ungemein. Ohne je regulären Kompositionsunterricht erhalten zu haben, konnte er schon wenige Jahre nach Zemlinskys Lotsendiensten die ersten Meisterwerke vorlegen: Kompositionen wie das 1899 vollendete Streichsextett ›Verklärte Nacht op. 4‹, das heute zur musikalischen Weltliteratur zählt. Folglich zeigte Schönberg sich seinem spiritus rector gegenüber stets treu ergeben und erklärte noch

12   Abschlußzeugnis Schönbergs,
22. Februar 1891

kurz vor seinem Tod, ihm fast sein ganzes »Wissen um die Technik und die Probleme des Komponierens« zu verdanken.

Zemlinskys musikalische Patronanz zeigte aber auch unmittelbar Wirkung: 1894 erhielt Schönberg für sein ›Schilflied‹ (nach Nikolaus Lenau) den frisch ausgelobten Kompositionspreis der »Polyhymnia«; und im Oktober desselben Jahrs konnte er gleich ›Drei Klavierstücke‹ mit Finitur unterschreiben, Miniaturen, die zwar Brahmsschen Geist atmen, deren rhythmische Extravaganzen und Motivverarbeitung aber auch schon Originäres ahnen lassen.

Schwebte Schönberg nun auf den Flügeln des Gesangs? Motivierte ihn die Fürsprache Zemlinskys? Verschaffte gar der Einfluß des sozialistischen David Josef Bach sich Geltung? Oder war es die Gemengelage, ein Konglomerat dieser Aspekte? Festzustellen ist, daß der nunmehr Volljährige 1895 seiner inneren Notwendigkeit folgt, sich zwar einer Häutung unterzieht, aber bei seinem Kern bleibt, um ein Neuer und Erneuerer zu werden: Er kündigt seine Stellung bei der Bank, lebt fortan als freier Künstler, übernimmt Dirigate beim Mödlinger Gesangsverein »Freisinn«, beim »Männergesangsverein Meidling«, wird Chormeister des »Metallarbeiter-Sängerbunds Stokkerau«, komponiert für diese Männerbünde, sympathisiert mit ihnen und ihren politischen Einstellungen, läßt sich als »Genosse« anreden, hat den Arnold hinter und den Schönberg vor sich.

Du heißt eben *doch* Schönberg u. *nicht* Arnold.
Zemlinsky an Schönberg,
9. September 1911

Die Entfaltung des Genies
Klärungen, Verklärungen, Erklärungen

Am 18. März 1895, zwei Jahre bevor er starb, betrat Johannes Brahms noch einmal das Konzertpodium: Anläßlich eines Festkonzerts, das von der Wiener Akademie für Musik und Darstellende Kunst ausgerichtet wurde, dirigierte er seine ›Festouvertüre‹. Auf dem Programm der Veranstaltung stand ferner eine Uraufführung: Alexander Zemlinskys ›Orchester-Suite‹ unter der Leitung des Komponisten. Die ungleiche Begegnung, hier der aufstrebende Hoffnungsträger, dort der Erfahrungsreife, trug bald Früchte: Im Dezember des folgenden Jahrs schrieb Brahms seinem Verleger Fritz Simrock, er habe einen neuen Autor entdeckt, nämlich Zemlinsky, den er als Mensch wie Talent nur empfehlen könne.

Es ist denkbar, daß Schönberg jenem weichenstellenden Konzert beiwohnte. Schließlich war er ja nicht nur der Freund Zemlinskys, sondern auch ein Bewunderer von Brahms: Mit dem ›Metallarbeiter-Sängerbund‹ von Stokkerau führte er gelegentlich Chöre des Meisters auf; außerdem hatte er bereits 1895 ein A-Capella-Stück geschrieben, dessen norddeutscher Ti-

13 Johannes Brahms (1833–1897).
Portrait von Ludwig Michalek, 1891

tel ›Ei du Lütte‹ als Hommage an den gebürtigen Hamburger gedeutet werden könnte.

Das Bekenntnis zu Brahms machte Schönberg keineswegs zum Solitär. Die konservativen Kräfte des Wiener Musiklebens, allen voran der einflußreiche Kritiker Eduard Hanslick, hatten sich des arrivierten Komponisten längst bemächtigt. Sie sahen in ihm einen Bewahrer des klassischen Erbes und hofften (nicht zu Unrecht), er könne zwischen Beethoven und den kommenden Generationen vermitteln.

Für Brahms zu sein bedeutete im Wien des Fin de siècle allerdings auch, sich gegen Richard Wagner und seine Anhänger zu wenden, den Kreis der sogenannten Neudeutschen abzulehnen, wie man den Schöpfer der ›Ring‹-Tetralogie samt seiner Trabanten bezeichnete. Es ist nun das unbestreitbare Verdienst Zemlinskys, die Fronten zwischen Brahmsianern und Wagnerianern aufgebrochen zu haben: Beiden Komponisten zugetan, plädierte er nicht für das Entweder-oder, sondern für ein Sowohl-als-auch. Auf diese Weise degradierte er den vermeintlich größten musikästhetischen Streit des 19. Jahrhunderts zu einem »Viel-Lärm-um-nichts«, ließ er die ideologisch aufgeblähte Frage, ob denn der absoluten Musik (vertreten durch Brahms) oder der Programmusik (vertreten durch Wagner) der Vorrang gebühre, als zweitrangig erscheinen. Zemlinskys neue, weil ausgewogene Haltung erwies sich als wegbereitend – nicht zuletzt für Schönberg, dem es als Erstem gelingen sollte, eine überzeugende Synthese aus den bis dato als unvereinbar geltenden Positionen herzustellen.

Für Wagner zu sein, bedeutete im Wien der Jahrhundertwende aber auch, sich gegen die etablierte Kultur im allgemeinen zu wenden. Denn mit seiner Idee vom Gesamtkunstwerk, das, wie er formulierte, der Darstellung des durch die Wissenschaft erkannten Lebens dienen sollte, hatte der Bay-

[Zemlinsky] ist derjenige, dem ich fast all mein Wissen um die Technik und die Probleme des Komponierens verdanke. Ich habe immer fest geglaubt, daß er ein großer Komponist war, und ich glaube noch immer fest daran. [...] Eines ist für mich außer Zweifel – ich kenne keinen nach-wagnerischen Komponisten, der das, was das Theater verlangt, mit edlerer musikalischer Substanz erfüllen konnte als er. [...] Als ich ihn kennenlernte, war ich [...] Brahmsianer. Er aber liebte Brahms und Wagner gleichermaßen, wodurch ich bald darauf, ebenfalls ein glühender Anhänger beider wurde.   *Aus ›Rückblick‹, 1949*

reuther »Wahnfried« nicht nur Musiker, sondern auch zahlreiche Vertreter der Nachbardisziplinen infiziert: ein hetero-
genes Künstler- und Gelehrtenvolk, das mit dem nivellieren-
den, sich ursprünglich nur auf Schriftsteller beziehenden, dann
auch allgemeiner verwendeten Etikett »Jung-Wien« belegt
wurde. Ein wichtiger, schon reifer Repräsentant des so postu-
lierten neuen Lebensgefühls war der Architekt Otto Wagner,
der 1907 die Kirche am Steinhof vollendete, einen Sakralbau für
psychisch Kranke, dessen golddurchwirkter, lichtdurchfluteter
Innenraum das trübe Leben seiner Besucher erhellen sollte.
Als Sprachrohr der literarischen »Jung-Wiener« galt der um-
triebige Hermann Bahr, der den Historismus der Gründerzeit
als Wertvakuum bloßstellte und die Moderne propagierte, die
Art nouveau ebenso wie den Symbolismus. Einen Gegenspieler
fand Bahr in Karl Kraus, der mit seiner ab 1899 erscheinenden
Zeitschrift ›Die Fackel‹ den (selbst-)gefälligen Lokalfeuilleto-
nismus ablösen wollte. Daß auch die bürgerlichen Moralvorstellungen einer neuen, »Jung-Wiener« Definition bedurften,
dokumentierte Sigmund Freud in seinen ›Abhandlungen zur
Sexualtheorie‹ (1905), während Arthur Schnitzler die gleiche
Forderung in seinem skandalumwitterten Drama ›Der Reigen‹
(1897–1900) erhob. Und schließlich muß hier noch Gustav Klimt
erwähnt werden: der Maler, der mit seinen erotischen Bildern
viele Zeitgenossen schockierte und überdies, als Initiator der
Künstlervereinigung »Secession« (1897), auch organisatorisch
neue Zeichen setzte.

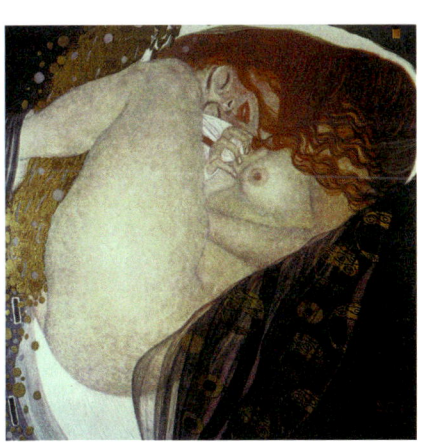

14 Gustav Klimt, ›Danae‹,
1907/08

15 Cafe Griensteidl am Michaelerplatz. Aquarell von Reinhold Völkel, 1896

Die Wallfahrtsorte der »Jung-Wiener« waren weniger die adligen oder großbürgerlichen Salons. Ihre Gunst galt den Cafés der Kaiserstadt, allen voran dem am Michaelerplatz gelegenen Griensteidl, dem Mekka aller Abtrünnigen. In dessen Thonetbestuhlten Gewölben verkehrten nicht nur Bahr und Schnitzler, sondern auch der blutjunge Hugo von Hofmannsthal, Felix Salten, der spätere Vater des ›Bambi‹ (1923), Felix Dörmann, der Autor so exzentrischer Gedichtsammlungen wie ›Neurotica‹ (1891) oder ›Sensationen‹ (1892) – und Arnold Schönberg, der im Griensteidl einer der agilsten Diskutanten war, wie sich sein Vetter, der Opernsänger Hans Nachod, erinnerte.

Das Spannungsfeld zwischen Alt und Neu, die Vielfalt der »Jung-Wiener« Strömungen, die teilweise erheblich divergierten, hinterließen im Leben und Werk des Komponisten tiefe Spuren. Retrospektiv, dem Historismus des renaissanceverlieb-

Sie waren Rebellen, anziehende Rebellen, besonders anziehend für die jüngere Generation, zu der ich in jenen Tagen gehörte, weil sie unkonventionell waren in der konventionellen Umgebung des alten traditionellen Wien. Sie trafen sich in dem alten Kaffee [sic!] Griensteidl oder im Winterbierhaus. Alle Nächte bis zum Morgengrauen ihre Probleme diskutierend, berauscht heimkehrend. Einer der heitersten und lebhaftesten dieser Bande war mein Vetter Arnold.

Hans Nachod über seinen Cousin Arnold

ten Hans Makart vergleichbar, der in den 1870er Jahren die Monumentalbauten an der Ringstraße mit kongenialen Innengemälden ausgestattet hatte, gab sich Schönberg 1897: Am 22. März des Jahrs begann er nämlich, zwei Streichorchesterstücke »im alten Style« zu komponieren, ›Gavotte und Musette‹, erste Spuren seiner Auseinandersetzung mit Johann Sebastian Bach. Bald darauf legte er das ›Streichquartett D-Dur‹ vor, das sogenannte »Nullte«, dessen melodische Wärme an Brahms gemahnt (auf Veranlassung Zemlinskys gelangte es 1898 in überarbeiteter Form zur Uraufführung – mit solchem Erfolg, daß es fortan als Gesellenstück des Komponisten betrachtet wurde). Zu jener Zeit fing Schönberg auch an, sich erstmals konkreter mit Wagner und dem »Kunstwerk der Zukunft« zu befassen. In den Sog des Deutschen war er bereits 1895/1896 geraten, als er von Zemlinsky mit der Aufgabe betraut worden war, den Klavierauszug zu dessen wagnerisierender Oper ›Sarema‹ herzustellen. Drei Jahre später reagierte Schönberg auf diesen indirekten Kontakt mit dem Barett-Träger aus Bayreuth, indem er sich erstmals an die Niederschrift einer Programmusik wagte: der (unvollendet gebliebenen) symphonischen Dichtung ›Frühlings Tod‹, als deren Vorlage das gleichnamige Poem von Nikolaus Lenau diente.

Historisierendes à la Bach, Wiener-Klassisches à la Brahms, Hochromantisches à la Wagner: In seiner Vielfalt zeigte Schönberg sich dem Zustand »Jung-Wiens« so eng verwandt, daß

man ihn als wesentlichen Protagonisten dieser Strömung betrachten darf, zumal ihn noch eine weitere Facette mit ihr verband. Schon in den ersten Manifesten der »Secession« waren Forderungen laut ge-

16 Richard Wagner (1813–1883). Gemälde von Kurt Rozynski (Ausschnitt), 1890

worden, das Schaffen ihrer Mitglieder »sollte alle Bereiche des Lebens umfassen«. In der Person von Josef Hoffmann konkretisierten sich solche Anliegen. Denn der vielbeschäftigte Architekt schuf alsbald nicht nur Glasgefäße, Tafelsilber, Tapeten, Damengarderoben, Bucheinbände, Möbel und Beleuchtungskörper, sondern initiierte 1903 auch die Gründung der »Wiener Werkstätten«, um seine Objekte auf handwerklich höchstem Niveau realisieren zu können. Von der dort umgesetzten Idee, das Profane durch Kunst zu nobilitieren, war auch Schönberg zeitlebens fasziniert. Diese Anschauung mag ihn (neben finanziellen Erwägungen) veranlaßt haben, sich mit der als trivial verpönten Operette zu beschäftigen. Das früheste Ergebnis solcher Tätigkeit könnte möglicherweise die (gemeinsam mit Zemlinsky erarbeitete) Instrumentation von ›Der Opernball‹ gewesen sein, einer Operette Richard Heubergers, die 1898 im Theater an der Wien uraufgeführt wurde. Sicher ist, daß Schönberg in den kommenden Jahren eine Vielzahl entsprechender Werke (insgesamt etwa 6000 Partiturseiten) orchestrierte, professionell gewirkter Konfektionsware, die von Komponisten wie Bruno Granichstaedten oder Bogumil Zepler stammte.

Das Alte und das Neue, Brahms und Wagner, das Hehre und das Profane: Die Überbrückung (nicht die Harmonisierung) solcher Gegensätze, die damit verbundene dialektische Weltsicht charakterisierte schon das wesentliche Potential Schönbergs. Seiner Cousine Malvina gegenüber hatte er vor Jahr und Tag die profunde Wahrheit der Bibel gerühmt und sich im gleichen Atemzug als »Ungläubigen« bezeichnet. Jahrzehnte später sollte er in Brahms, dem Konservativen, das Progressive entdecken. Im vorgerückten Alter gab er seiner Hoffnung Ausdruck, daß seine anspruchsvolle Musik eines Tages von den Menschen nachgepfiffen würde.

Gestern abend hörte ich die *Verklärte Nacht*, und ich würde es als Unterlassungssünde empfinden, wenn ich Ihnen nicht ein Wort des Dankes für Ihr wundervolles Sextett sagte. Ich hatte mir vorgenommen, die Motive meines Textes in Ihrer Composition [sic!] zu verfolgen; aber ich vergaß das bald, so wurde ich von Ihrer Musik bezaubert. Bandler hat sie übrigens ganz vollkommen mit seinen Leuten vorgetragen; ich glaube, auch Sie selber hätten die reinste Freude dran gehabt, trotzdem das Werk schon zehn Jahre hinter Ihnen liegt. *Dehmel an Schönberg, 12. Dezember 1912*

Als Überbrückung, nämlich kultureller wie religiöser Klüfte, kann man auch Schönbergs Konvertierung betrachten: Ende März 1898 trat er vom mosaischen Glauben zum Protestantismus über, wurde er von der Wiener Dorotheer-Gemeinde als neues Mitglied begrüßt. Diesen Schritt als äußeren Akt abzutun, ihn gar als »Entrée billet« in die europäische Gesellschaft zu bezeichnen, wie Heinrich Heine zynisch formuliert hatte, griffe im Fall Schönbergs deutlich zu kurz. Denn die Taufe zog eine jahrzehntelange Beschäftigung mit der christlichen Ideenwelt nach sich, schlug sich auch im Œuvre des Komponisten nieder, wie man an dem 1907 vollendeten Chorwerk ›Friede auf Erden op. 13‹, dessen von Conrad Ferdinand Meyer stammende Worte die Botschaft der Christnacht reflektieren, ebenso ablesen kann wie an der 1921 für den häuslichen Gebrauch entstandenen ›Weihnachtsmusik‹, einer Paraphrase über ›Es ist ein Ros entsprungen‹, oder – mit Einschränkungen – an der Dichtung ›Moderne Psalmen‹, die der Komponist kurz vor seinem Tod schuf.

Daß Schönberg sich zur protestantischen Konfession bekannte, darf indes nicht zu dem Trugschluß führen, er hätte sich fortan dem Joch bürgerlicher Prüderie unterworfen: So vertonte der Komponist 1899 ein nach damaligem Verständnis

17   Nicht nur in Literatur und Musik, auch in der Kunst kommt es um die Jahrhundertwende zu massiven Auseinandersetzungen um die Darstellung von Erotik. Als Pornographie verschrien waren viele Werke Egon Schieles, so auch ›Umarmung‹ von 1917

unsittliches Gedicht von Richard Dehmel. Der deutsche Lyriker war bei vielen Zeitgenossen diskreditiert, weil er die sexuelle Selbstbestimmung des Menschen forderte und ein bekennender Venus-Jünger war (»Reich' mir die volle, die funkelnde Schale, / die du mir fülltest so viele Male!«). Das von Schönberg ausgewählte Poem ›Verklärte Nacht‹ stellt eine junge Frau vor, die dem Geliebten beichtet, von einem Anderen geschwängert worden zu sein. Ihr Geständnis führt indes nicht zur Entzweiung. Vielmehr erklärt der Geliebte, er betrachte ihr Kind als das seine. Das Gedicht, die mit ihm verknüpfte Würdigung einer ledigen Mutter, bedeutete zweifelsohne einen Bruch mit gängigen Moralvorstellungen. Dehmels Bemühen, die menschliche Sexualität von gesellschaftlichen Fesseln zu befreien, mag freilich nicht nur bei Schönberg, sondern auch bei anderen »Jung-Wienern« Anklang gefunden haben, zählten zu ihrem (äußeren) Kreis doch Freud und Schnitzler, die sich ja ebenfalls für einen zeitgemäßen Dialog der Geschlechter einsetzten. Dem aktuellen Gehalt der ›Verklärten Nacht‹ entsprachen die progressiven Ansätze ihrer Vertonung: Zwar hatte sich Schönberg (ganz im Sinn der »Neudeutschen«, von Wagner oder Liszt) für eine einsätzige Großform entschieden, aber er hatte sein Werk (und dies war ein Novum in der Geschichte der Programmusik) nicht für Orchester, sondern als Streichsextett konzipiert. Im Bereich der Harmonik stieß der Komponist ebenfalls in Neuland vor: Architektonisch wichtige Stellen markierte er durch Umkehrungen des Dominant-Septnon-Akkords: Verbindungen, die eigentlich geächtet waren, da sie die Tonalität verunklarten. Und auch in stilistischer Hinsicht bot Schönberg Ungewöhnliches, war es ihm doch erstmals gelungen, Elemente von Brahms und Wagner sinnvoll miteinander zu verschmelzen, wie er 1949 in seiner ›Rückerinnerung‹ betonte.

Deshalb [infolge der Anregung durch Zemlinsky] zeigen auch Kompositionen aus dieser Zeit, wie zum Beispiel *Verklärte Nacht*, einerseits wagnersche Technik, wie Modell und Sequenz über einer bewegten Harmonie, andererseits aber Gebilde, die nach dem Muster von Brahms' »Technik der entwickelnden Variation« – wie ich es genannt habe – geformt waren. Auf Brahms' Einfluß sind auch die ungeradtaktigen Phrasen zurückzuführen […].

Aus ›Rückblick‹, 1949

Außer dem geistesgeschichtlichen Kontext mochten auch private Gründe Schönberg motiviert haben, sich mit Dehmels ›Verklärter Nacht‹ zu beschäftigen. Der größte Teil seiner Partitur war während des Sommers entstanden, den er in Payerbach verbracht hatte, einem südlich von Wien, am Semmering gelegenen Ferienort, der in Künstlerkreisen außerordentlich beliebt war. Während dieser Wochen durfte der Komponist nicht nur den Blick auf die dortige Wald- und Bergwelt genießen, sondern auch die Gesellschaft von Zemlinsky und dessen Schwester, der vierundzwanzigjährigen Mathilde. Und er verliebte sich, wie das stimulierte Arbeiten an der ›Verklärten Nacht‹ verriet, offenbar spontan in die junge Frau, die er zwei Jahre später heiratete. Mußte Dehmels zärtliche Romanze in dieser Situation nicht wie Balsam auf die empfängliche Seele wirken? Könnte die Umgebung Payerbachs, »die schwarzen Zacken«, »die hohen Eichen«, Schönberg nicht zur Komposition jener Naturszenen inspiriert haben, die in der lyrischen Vorlage den Dialog der Liebenden einfassen? Die instrumentalen Zwiegespräche der ›Verklärten Nacht‹ vermögen ihren erotischen Ursinn jedenfalls kaum zu leugnen.

Der qualitative Quantensprung, den Schönberg mit seiner Kammer-(Programm-) Musik vollzogen hatte, blieb nicht singulär. Angeregt durch einen Wettbewerb des Wiener Tonkünstlervereins, vollendete er in zwei Schüben, im Frühjahr 1900 und 1901, die Komposition der ›Gurre-

18 Mathilde Zemlinsky. Portrait von Arnold Schönberg, 1910

lieder‹: einer frühsymbolistischen Dichtung von Jens Peter Jacobsen, die von der unglücklichen Liebe König Waldemars zu Tove erzählt. Die Musik weist zwar abermals Einflüsse sowohl von Brahms als auch von Wagner auf, akzentuiert zwar erneut die (textlich vorgegebene) Einheit von Natur und Eros. Im Hinblick auf das Übrige aber scheint sie sich von der Klangsprache der ›Verklärten Nacht‹ radikal absetzen zu wollen. Haben wir hier Intimität, so finden wir dort Dramatik, treffen wir hier auf eine minimale Besetzung, so begegnet uns dort Gigantisches, ein Orchester etwa, das neben dem traditionellen Instrumentarium Ratschen, eiserne Ketten, drei Männerchöre, fünf Solisten und Sprecher vorsieht und für impressionistische Farbigkeit sorgt.

Den Arbeitsvorgang auf unorthodoxe Weise trennend, führte Schönberg in einem Brief an Alban Berg aus, er habe nach der Komposition der ›Gurrelieder‹ im August 1901 mit deren Instrumentation begonnen und sie »Mitte 1902« fortgesetzt. Die Unterbrechung des so schwungvoll angegangenen Werks, das erst 1911 fertiggestellt wurde, hatte vorwiegend private Ursachen: Einerseits waren Schönberg und Mathilde Zemlinsky am 18. Oktober 1901 in der lutherischen Pfarre von Wien-Innenstadt getraut worden. Andererseits befand sich der Komponist und künftige Familienvater wie so oft in Geldnöten. Die mißliche Situation könnte ihn dazu bewogen haben, die Orchestration der ›Gurrelieder‹ auszusetzen, um sich kleineren, schneller vermarktbaren Projekten widmen zu können. Folglich traf es sich gut, daß Schönberg seit Weihnachten 1900 im Besitz einer gerade erschienenen Anthologie von Otto Julius Bierbaum war, die unter dem Titel ›Deutsche Chansons (Brettl-Lieder)‹ zu einem Bestseller avancieren sollte. Schon das Vorwort, in dem der Herausgeber erläuterte, das ganze Leben müsse von der Kunst durchdrungen werden, vermochte den »Secessions«-be-

Bei der Fertigstellung der Partitur habe ich nur eine wenige Stellen überarbeitet. Es handelt sich bloß um Gruppen von 8–20 Takten; insbesondere z. B. in dem Stück: *Klaus Narr* und im Schlußchor. Alles übrige ist (selbst manches, das ich gerne anders gehabt hätte) so geblieben, wie es damals war. Ich hätte den Stil nicht mehr getroffen, und ein halbwegs geübter Kenner müßte die 4–5 Stellen ohneweiters finden können. Diese Korrekturen haben mir mehr Mühe gemacht als seinerzeit die ganze Komposition.

An Alban Berg, undatiert, um 1912

geisterten Komponisten zu überzeugen. Dann die Lieder selbst: Ihnen fehlte zwar das Archaisch-Erhabene eines Jacobsen, aber sie bestachen durch ihren frech-legeren Ton, der in sich stimmig war, weil nicht mehr hohe Minnen, hingegen erlebte Amouren besungen wurden (etwa in Hugo Salus' Reimerei ›Der genügsame Liebhaber‹, die mit der Zeile »Meine Freundin hat eine schwarze Katze« beginnt). Jedenfalls entflammten die ›Chansons‹ den Komponisten in einem solchen Maß, daß er zwischen April und September 1901 eine Reihe von ihnen in Musik setzte, darunter Bierbaums Erotikon ›Gigerlette‹: »Und im Trab mit Vieren / Fuhren wir zu zweit / In das Land spazieren, / Das heißt Heiterkeit.« Seine Vertonung dieses und anderer ›Brettl-Lieder‹ imponierte nicht nur, weil er mit ihnen kundtat, wie sicher er auf dem Terrain der leichten Muse agierte, wie subtil er mit alterierten Akkorden, mit den Rhythmen von Quadrille und Walzer umgehen konnte, sondern zudem wegen des perfekt vollzogenen Sprachwechsels: vom mythisch umnebelten Duktus der ›Gurrelieder‹ zur eleganten Transparenz der ›Chansons‹.

Schönbergs musikalische Bilinguität beeindruckte auch den Schriftsteller Ernst von Wolzogen. Der Romancier hatte Anfang 1901 das erste deutsche Kabarett gegründet, das in Berlin stationierte »Überbrettl«, ebenfalls »Buntes Theater« genannt. Die Resonanz war so groß, daß Wolzogen mit einem Teil des Ensembles auf Reisen gehen konnte. Im Mai und September 1901 gastierte er am Leopoldstädter Carltheater, just an jenem Haus, an dem Zemlinsky seit 1899 als Kapellmeister fungierte. Der nunmehrige Schwager Schönbergs leitete offenbar ein Treffen des Komponisten mit Wolzogen in die Wege. Denn der Kabarettunternehmer verpflichtete Schönberg, als Kapellmeister des »Bunten Theaters« nach Berlin zu kommen, und kaufte ihm ferner die Aufführungsrechte zweier ›Brettl-Lieder‹ ab: des trompetenbegleiteten ›Nachtwandlers‹ auf einen Text von Gu-

Maler bauen heute Stühle, und ihr Ehrgeiz ist, daß das Stühle seien, die man nicht bloß im Museum bewundern kann, sondern mit denen sich die vier Buchstaben ohne Einbuße an ihrem Wohlbefinden wirklich in Berührung setzen können. So wollen auch wir Gedichte schreiben, die nicht bloß im stillen Kämmerlein gelesen, sondern vor einer erheiterungslustigen Menge gesungen werden mögen. Angewandte Lyrik – da haben Sie unser Schlagwort.
Aus Otto Julius Bierbaum (Hg.), ›Deutsche Chansons‹, 1900

stav Falke und der Soldatenlied-Persiflage ›Jedem das Seine‹ nach einem Autor mit dem Decknamen Colly.

»Und im Trab mit Vieren ...« – im Dezember 1901 verließen die Schönbergs Wien, um an der Spree ihr Glück zu versuchen. Das von Wolzogen angesetzte Monatsgehalt von 300 Reichsmark ließ zwar keine Extravaganzen zu, konnte aber als achtbarer finanzieller Grundstock gelten, zumal die Betreiber des »Bunten Theaters« ihren neuen Kapellmeister nicht sonderlich belasteten. Ergo konnte Schönberg wie in den zurückliegenden Jahren Geld hinzuverdienen, indem er Klavierauszüge erstellte oder für Kollegen instrumentierte. Zu letzteren gehörte der Haus- und Hofkomponist des »Bunten Theaters«: Oscar Straus, wie Schönberg ein Wiener, doch zur Gänze der Operette verschrieben. Straus komponierte mit dem skurrilen Tanzlied ›Der lustige Ehemann‹ nach Bierbaum nicht nur den Schlager des Wolzogen-Kabaretts, sondern konnte mit seiner Wagner-Parodie ›Die lustigen Nibelungen‹, die 1904 (noch in der Zemlinsky-Ära) am Carltheater zur Uraufführung kam, um dann vom »Bunten Theater« nachgespielt zu werden, den Weg Jacques Offenbachs fortsetzen.

Obwohl Schönberg also für tüchtige Kollegen arbeitete, obgleich die Uraufführung seines Streichsextetts ›Verklärte Nacht‹ am 18. März 1902 in Wien zwar auch angefeindet, doch mehr noch umjubelt wurde (»Nur eine ernste, tiefe Natur kann solche Töne finden«), befand er sich abermals in Not, als Ende Juli sein Vertrag mit dem »Bunten Theater« auslief. Die finanziell heikle Lage verschärfte sich überdies durch die Geburt seiner ersten Tochter Gertrude, die am 1. August 1902 zur Welt kam. Doch schon nahte Hilfe.

Der vielseitige Wolzogen hatte um die Jahrhundertwende ein Libretto mit dem Titel ›Feuersnot‹ geschrieben, dessen Vertonung (1900/1901) von Richard Strauss übernommen worden

19 Das »Überbrettl«, auch »Buntes Theater« genannt

war: dem an der Berliner Oper wirkenden »Ersten Königlich Preußischen Hofkapellmeister«. Auf diese Weise geehrt, erlaubte es sich der Schriftsteller möglicherweise, das Augenmerk des Prominenten auf Schönberg zu lenken. Jedenfalls teilte Strauss diesem im April 1902 postalisch mit, er sei täglich zwischen 15 und 16 Uhr zu Hause anzutreffen. Der unbekannte Kollege ging nicht nur auf das spröde Angebot ein, sondern verstand es zudem, die Sympathien des Dirigenten zu gewinnen. Strauss ließ es seinerseits nicht bei deren Erklärungen bewenden, sondern schritt unverzüglich zur Tat. Er sorgte in seiner Eigenschaft als Vorsitzender des »Allgemeinen Deutschen Musikvereins« dafür, daß Schönberg 1903 ein zweijähriges Stipendium erhielt (per anno 1000 Reichsmark). Er vermittelte ihm eine Stelle als Lehrer für Musiktheorie: am Sternschen Konservatorium, das sich unter seinem Direktor Gustav Hollaender eines fabelhaften Rufs erfreute. Und er gab ihm den Rat, sich doch Maurice Maeterlincks 1893 uraufgeführten Dramas ›Pelléas et Mélisande‹ anzunehmen.

Im Sommer 1903 kehrte Schönberg ins heimatliche Wien zurück, zunächst wohl nur in der Absicht, dort beziehungsweise in der Sommerfrische von Payerbach seinen Urlaub zu verbringen. Dann aber beschloß er, die Berliner Zelte abzubrechen und sein Domizil wieder in die Heimatstadt zu verlegen, konkret in die Liechtensteinstraße 68/70. Daß er eine Wohnung im gleichen Haus wie Zemlinsky beziehen konnte, mag ein Argument für den Ortswechsel gewesen sein. Daß er durch Vermittlung seines Schwagers freier Mitarbeiter der jungen Universal-Edition wurde und in deren Auftrag noch im gleichen Jahr

20 Richard Strauss (1864–1949).
Portrait von Max Liebermann, 1918

Klavierauszüge zu Albert Lortzings ›Der Waffenschmied‹ und Franz Schuberts ›Rosamunde‹ anzufertigen hatte, ein anderes.

Die Entscheidung, Berlin zu verlassen, wird Schönberg indes nicht leicht gefallen sein. Immerhin hatte er in Strauss einen Förderer gefunden – und in Max Marschalk, dem Inhaber des Hauses »Dreililien«, seinen ersten Verleger, der die ›Gesänge op. 1‹ (nach Karl von Levetzow) sowie die ›Lieder op. 2‹ (nach Richard Dehmel und Johannes Schlaf) unter Vertrag genommen hatte. Schönbergs Votum für Wien sollte sich jedoch schon bald als weichenstellend erweisen. So gründete er 1904, gemeinsam mit seinem Schwager, die »Vereinigung schaffender Tonkünstler in Wien«, die das Ziel hatte, sich für die »Pflege und Förderung der Werke zeitgenössischer Tonkunst im Sinne einer freien Entfaltung der künstlerischen Persönlichkeit« einzusetzen. Die »Vereinigung« ermöglichte in der kurzen Zeit ihres Bestehens nicht nur zahlreiche Uraufführungen, sondern brachte Schönberg auch dem zu ihrem Ehrenpräsidenten gewählten Gustav Mahler näher, den er seit der Wiener Premiere der ›Dritten Sinfonie‹, Ende des Jahres 1904, vorbehaltlos bewunderte.

Schönbergs Entschluß, aus der Hauptstadt des deutschen Reichs nach Wien zurückzukehren, darf aber noch in einem weiteren Punkt als schicksalhafte Fügung bezeichnet werden. Denn nun gelang es ihm, sein pädagogisches Genie vollends zur Entfaltung zu bringen. Einerseits unterrichtete er jetzt Harmonielehre und Kontrapunkt am Institut der Schulreformerin Dr. Eugenie Schwarzwald, einer Lichtgestalt, die nicht nur Elias Canetti, Robert Musil oder Karl Kraus zu faszinieren wußte, sondern frischen Wind in die Klassenzimmer brachte, indem sie herausragende Künstler als Lehrende verpflichtete: so Adolf Loos, Oskar Kokoschka oder Zemlinsky. Andererseits wurde Schönberg das Glück zuteil, hochbegabte

Um dem unerhörten Eindruck, den mir Ihre [Dritte] Sinfonie gemacht hat, einigermaßen beizukommen, darf ich nicht wie der Musikant zu Musikanten, sondern ich muß wie der Mensch zum Menschen reden. Denn: Ich habe Ihre Seele gesehen, nackt, splitternackt. [...] Ich empfand sie wie ein Naturereignis mit seinem Schrecken und Unheil und seinem verklärenden, beruhigenden Regenbogen.

An Mahler, 12. Dezember 1904

Privatschüler zu bekommen, mit deren Hilfe er jenes Einzigartige aufbaute, das unter der Bezeichnung »Wiener Schule« die Musikgeschichte des 20. Jahrhunderts bestimmen sollte. Zu ihnen gehörten etwa Egon Wellesz, der Schönberg sein ›Persisches Ballett op. 30‹ widmete, oder Heinrich Jalowetz, der sich als Musikwissenschaftler und als Kapellmeister einen internationalen Ruf erwarb. Zu ihnen zählten (seit 1904) aber

auch und vor allem Anton Webern wie Alban Berg. Ersterer hatte eigentlich bei Hans Pfitzner in Berlin Komposition studieren wollen. Doch als der sich als Mahler-Gegner entpuppte, gab Webern das Vorhaben auf, um einer Empfehlung seines akademischen Lehrers Guido Adler, des Wiener Ordinarius für Musikwissenschaft, zu folgen und den Unterricht bei Schönberg aufzunehmen. Auch der Kaufmannssohn Berg stieß erst nach einem kleinen Umweg zum Schülerkreis des Meisters. Sein Bruder Charly hatte ein Zeitungsinserat entdeckt, in dem Schönberg annoncierte, privat Komposition zu lehren. Und er hatte spontan auf das ungewöhnliche Angebot reagiert, dem Werbenden einige Lieder Albans geschickt und so eine erste Begegnung der beiden in die Wege geleitet.

21 Gustav Mahler (1860–1911). Portraitaufnahme, 1907, neukoloriert

Kunst als Notschrei
Wandlung, Wunde und Sehnsucht

Am 25. Januar 1905 dirigierte Schönberg – während einer Veranstaltung der »Vereinigung schaffender Tonkünstler in Wien« – die Uraufführung seiner sinfonischen Dichtung ›Pelleas und Melisande op. 5‹. Das Konzert brachte ihm außerhalb seines Kreises wenig Ehre ein. Die Orchestermusiker gaben sich lustlos, scheuten nicht einmal die Schlamperei. Kritik und Publikum waren enerviert. Solch rüde Reaktion traf den Komponisten nicht unvorbereitet. Immerhin hatte Mahler die ›Pelleas‹-Partitur »enorm kompliziert« genannt. Zemlinsky ging sogar noch einen Schritt weiter: Er lobte das Werk zwar als »das Kunstvollste, das in unserer Zeit geschrieben«, aber er hielt es infolge »der überladenen Polyphonie« für fast unpraktizierbar.

Trotz des (aus damaliger Sicht verständlichen) Widerstands war die Erschaffung des ›Pelleas‹ ein Gewinn für Schönberg. Er hatte mit seinem fünften Opus nicht nur sein erstes, obendrein virtuos instrumentiertes Orchesterstück vorgelegt, sondern auch die Fähigkeit bewiesen, binnen kurzer Zeit (zwischen Sommer 1902 bis zum Februar des folgenden Jahrs) eine umfangreiche, vielschichtige Partitur zu komponieren. Ferner hatte er demonstriert (nicht zuletzt seinem Förderer Richard Strauss gegenüber), daß er auf dem aktuell höchsten Niveau der Orchestersprache ein psychologisch überaus reiches Drama deuten konnte: Maeterlincks sagenhaftes Schauspiel von König Golo, dessen Halbbruder Pelleas und der schönen Melisande, einer tragischen Dreiecksgeschichte, die ohne individuelle Schuld zum Untergang aller Beteiligten führt.

Die Uraufführung 1905 in Wien unter meiner eigenen Leitung rief große Unruhe beim Publikum und selbst bei den Kritikern hervor. Die Kritiken waren ungewöhnlich heftig, und einer der Kritiker schlug vor, mich in eine Irrenanstalt zu stecken und Notenpapier außerhalb meiner Reichweite aufzubewahren. Erst sechs Jahre später unter Oskar Frieds Leitung wurde *Pelleas und Melisande* ein großer Erfolg und hat seither bei den Zuhörern keinen Ärger mehr verursacht.

Aus ›Analyse von Pelleas und Melisande‹, 1949

Der Komponist war selbstbewußt oder auch selbstkritisch genug, um die Qualität seiner Arbeit richtig einzuschätzen. Dennoch mögen die fragend-konstruktiven Anmerkungen seiner Freunde (im Gegensatz zu der verurteilend-destruktiven Haltung anderer) eine Wandlung mitverursacht haben, die sich mit dem Schlagwort der Reduktion umschreiben läßt. Denn nach dem üppigen, an Wagner oder Strauss erinnernden Klangrausch des ›Pelleas‹ zeigte Schönberg die Tendenz, sich in den kompositorischen Mitteln zu bescheiden: hinsichtlich des Umfangs, der polyphonen Komplexität sowie der Besetzung seiner Werke weniger Aufwand zu betreiben. Als Zeugen dieser (allerdings nicht linear verlaufenden) Entwicklung können Schönbergs ›Erste Kammersymphonie op. 9‹, die ›Lieder op. 15‹ nach dem ›Buch der hängenden Gärten‹ von Stefan George oder die ›Klavierstücke op. 19‹ angeführt werden.

Den Prozeß der Reduktion dürfte auch der mit Schönberg eng befreundete Adolf Loos gefördert haben. Der Vorkämpfer einer neuen Baukunst, an dessen Grab Karl Kraus 1933 ausrufen sollte, er sei ein »Befreier des Lebens aus der Sklaverei der Mittel« gewesen, sah nämlich in der Schmucklosigkeit ein Zeichen geistiger Stärke, stellte »Ornament und Verbrechen« auf eine Stufe. Seine kompromißlose Forderung nach einer Kunst ohne Dekor, die er 1899 im Café Museum oder im 1911 vollendeten Bau des Hauses am Michaelerplatz umsetzte, blieb für Schönberg lebenslang gültig: Noch im amerikanischen Exil begehrte der Komponist, seine Wohnstatt – nach Art von Loos – mit dünn geschnittenen Marmorscheiben auszukleiden. Umgekehrt blieb auch der Architekt von der Freundes-Kunst nicht unbeeindruckt: Obwohl nicht sonderlich vermögend, finanzierte er diskret zahlreiche Konzerte Schönbergs, ja erklärte er sich (ohne dessen Wissen) bereit, persönlich mit Summen zu haften, die dem eigenen Jahreseinkommen entsprachen.

22 Wohn- und Geschäftshaus Goldmann & Salatsch in Wien, Michaelerplatz, 1909–1911 von Adolf Loos erbaut, der 1908 seinen Aufsatz ›Ornament und Verbrechen‹ publiziert hatte

Als erste Station des besagten Reduktionsprozesses muß das im Sommer 1905 abgeschlossene ›Streichquartett op. 7‹ gelten, auch wenn der Komponist es im Rückblick als dicksätzig bezeichnete, wenn er an ihm monierte, er habe die einzelnen Instrumente zu wenig pausieren lassen. Denn Schönberg gelang es mit diesem Werk, sich von der Speckschicht der Programmmusik zu lösen, ohne deren avancierte Formensprache aufzugeben. So legte er seinem ›op. 7‹ zwar ein Szenario zugrunde, dessen Schlagwörter »Auflehnung, Trotz, Gedrücktheit, Verzweiflung, Angst vor Versinken, ungewohnte Liebesgefühle, Verlangen nach vollständigem Aufgeben, Trost (sie und er), neu ausbrechend: Gedrücktheit, Verzweiflung, Entschluß, ein neues Leben zu beginnen« auf ein (nicht literarisch, sondern) autobiographisch fundiertes Programm schließen lassen, aber im Verlauf des Komponierens vernachlässigte er dieses, sah er in ihm, sich der absoluten Musik annähernd, allenfalls noch ein Stimulans. Gleichwohl verschmolz er die vier Satzcharaktere des klassischen Quartetts zur einsätzigen Großform, folgte er in diesem Punkt etwa Franz Liszt, der in einigen seiner sinfonischen Dichtungen ähnlich verfahren war.

Nicht im musikalischen Gestus, sondern in Bezug auf einige Rahmenbedingungen schlug das ›Streichquartett op. 7‹ auch eine Brücke zu Gustav Mahler. Denn der Künstlerische Direktor der Hofoper besuchte am 5. Februar 1907 die Uraufführung der Komposition, ließ sich von deren polyphonen Verästelungen sowie dem Farbenreichtum faszinieren und nahm sich überdies am folgenden Tag die Zeit, das Werk in einem Brief an Richard Strauss weiterzuempfehlen. Noch in einem weiteren Punkt scheint diese Kammermusik mit dem Namen Mahlers verwoben zu sein: Wie sein älterer Kollege neigte auch Schönberg dazu, in den Sommerferien ausgiebig zu komponieren. So hatte er sein ›Streichquartett op. 7‹ im oberöster-

Ich habe gestern das neue Schönberg'sche Quartett gehört und einen […] bedeutenden, geradezu imponierenden Eindruck erhalten.
Gustav Mahler an Richard Strauss,
6. Februar 1907

reichischen Gmunden vollendet: am Traunsee, an dem er im September 1905 Erholung suchte.

Den folgenden Sommer verlebte der Komponist samt seiner inzwischen angewachsenen Familie (am 22. Juni war sein Sohn Georg zur Welt gekommen) in Bayern, in Rottach-Egern am Tegernsee. Dort brachte er die Komposition eines Schwesterwerks des Streichquartetts zuwege: die Niederschrift der ›Kammersymphonie op. 9‹. Diese überblendete wie jenes die klassische Viersätzigkeit mit einer einsätzigen Großform, verzichtete aber nun vollends auf ein Programm. Als wichtigster Fortschritt des Orchesterwerks »für fünfzehn Soloinstrumente« muß jedoch die sich schon in ›Pelleas und Melisande‹ zu erahnende Auflösung der traditionellen Terzschichtung von Akkorden gelten. An ihre Stelle rückte Schönberg die Quartstruktur, die sich dem Gedächtnis des Rezipienten unauslöschlich einschreibt wenn die Hörner (nach der viertaktigen langsamen Einleitung) in Quartsprüngen den Luftraum durchmessen. Wesentlicher aber noch als das Quartgerüst (des gleichwohl in E-Dur stehenden als auch dort immer noch ortbaren Werks) scheint die Tatsache zu sein, daß aus ihm, wie der Schönberg-Schüler Winfried Zillig kurz, aber prägnant referierte, durch nur einen Schritt eine Ganztonleiter gewonnen werden kann, daß also die Hierarchie zwischen Melodie und Begleitung, zwischen Horizontaler wie Vertikaler aufgegeben wird. »Hier vollzieht sich eine vollkommene Amalgamierung der Melodie mit der Harmonie«, schwärmte der Komponist, jetzt habe er seinen Stil begründet, jetzt wisse er, wie man komponieren müsse.

Simultan, aber gegenläufig zu dem musikimmanenten Reduktionsprozeß erweiterte Schönberg das Arsenal seiner Ausdrucksmittel. Er etablierte sich als Musikschriftsteller, trat als Textautor des Wiener Fachorgans ›Die Musik‹ in Erscheinung, für das er zahlreiche, nicht selten sarkastische Aphorismen lie-

23 Arnold Schönberg, Foto, um 1905

ferte, blies in Krausens ›Fackel‹ zum Gegenangriff auf einen
Journalisten oder legte im Periodikum ›Der Merker‹ seine Gedanken über die aktuelle Musikkritik dar. Schicksalsträchtiger
war indes seine 1907 gefällte Entscheidung, sich auf das Feld
der Bildenden Kunst zu begeben.

»O daß der Sinnen doch so viele sind!« – den halb klagen-
den, halb jubelnden Sinnspruch aus Goethes ›Westöstlichem
Diwan‹ hatte Schönberg zur Entstehungszeit der ›Kammersymphonie‹ als unendlichen Kanon vertont. Nun zog er die
Konsequenz daraus, widmete er sich neben dem Komponieren
und Schreiben auch noch der Malerei. Was aber mag das Mo-
tiv gewesen sein? Könnten ihn die sensationellen Ausstellun-
gen der Galerie Miethke, die 1906 beziehungsweise 1907 mit
retrospektiven Werkschauen Vincent van Goghs und Paul Gau-
guins in Wien aufwartete, zu dem Metierwechsel veranlaßt haben? Oder brachte ihn seine Nähe zur Malerschaft der »Secession« auf den Weg, etwa die Bekanntschaft mit Carl Moll, dem
Schwiegervater Mahlers? Könnte ihm das Gehabe der Kritiker,
die seiner Musik oft mit Schmähungen begegnet waren, dermaßen zugesetzt haben, daß er in der Malerei einen Ausgleich
suchte? Oder hatte ihn ein junger Künstler animiert, der in jenen Jahren zum Schönberg-Kreis gestoßen war und den Namen Richard Gerstl trug?

Sicher ist, daß dieser einige Semester an der Wiener Kunst-

akademie studiert hatte, bevor er 1905 nachfragte, ob
Schönberg ihm für ein Portrait zur Verfügung stehen
würde. Der Komponist rea-
gierte zwar nicht spontan,
letztlich aber positiv. Und
schon wenige Wochen später

24 Richard Gerstl, ›Portrait Arnold
Schönbergs‹, 1905

konnte man das Resultat be-
gutachten: ein großformatiges,
detailfreudiges Gemälde, das
den Abgebildeten, auf einer
roten, orientalisch anmutenden Ottomane sitzend, in
dunkelbrauner Kleidung präsentiert und dessen Nonkon-
formismus wirkungsvoll unterstreicht, indem es ihn so
posieren läßt, als wolle er
sich gegen die überdeutlich
markierte, mit dem Flucht-
punkt zusammenfallende Mit-
telachse stemmen.

Weil Schönberg sich das eigene Konterfei nicht leisten konnte,
schenkte Gerstl es ihm. Der Komponist revanchierte sich auf
seine Weise. Er lud den menschenscheuen, als schwierig geltenden Künstler zu Gesellschaften ein, in seine Wohnung in der
Liechtensteinstraße, und inspirierte ihn auf diese Weise zu weiteren Portraits: zu solchen von Alexander Zemlinsky, Smaragda
Berg (der Schwester von Alban) oder dem Kunsthistoriker Ernst
Diez (einem Cousin Anton Weberns). Allmählich taute der ver-
schlossene Gerstl auf. Zunehmend geriet er in den Bann des
Komponisten. Bald versuchte er dessen Maxime, daß Kunst sich
nicht wiederholen dürfe (»Kunst heißt Neue Kunst«, formulierte Schönberg es Jahrzehnte später), auf die Malerei zu übertra-
gen. Dieser Ansatz hinterließ im Schaffen Gerstls tiefe Spuren.
Einerseits sagte er sich von seinen Vorbildern – besser gesagt:
Vorbildnern – los, ob sie nun Max Liebermann oder Edvard
Munch hießen. Andererseits überwand er das Materielle, strahl-
ten seine Bilder fortan eine psychische Energie aus, die der

25 Richard Gerstl, ›Selbstportrait‹,
1908

Schriftsteller Paul Stefan dereinst bejubeln sollte als »zugleich Musik und geistige Emanation, von einer Intensität, die in ihrer Art noch nie da war und seither nicht wieder erreicht worden ist«. Die künstlerische Öffnung Gerstls fand in seinem Seelenleben eine Fortsetzung. Er, der dem weiblichen Geschlecht gegenüber bislang eher zurückhaltend war, fand seine Herzensdame, verliebte sich nun ebenso tief wie heiß begehrend – tragischerweise in die Frau dessen, der ihm eben die Tür zu neuen künstlerischen Räumen aufgestoßen hatte: in Mathilde Schönberg.

Den Sommer 1908 verbrachte der Komponist mit seiner engeren und weiteren Familie, mit seinen Schülern Webern und Heinrich Jalowetz sowie dem Maler erneut in Gmunden am Traunsee. Man amüsierte sich dem Anschein nach prächtig und weidete sich am Zusammenspiel von Sonne und Wasser. Jedenfalls verraten Gerstls damals entstandene Bilder die überschwengliche, alles Förmliche negierende Freude an der Flut des Lichts: so das strahlende Portrait Zemlinskys, dessen Gestalt sich in den Wellen aufzulösen droht; so das Familienbild der Schönbergs, bei dem Wiese und Menschen zu einem sommerlichen Gebinde verschmelzen; so das realistische, in Komplementärfarben gemalte Standbild von Mathilde. Doch nach einigen Wochen wurde die Idylle getrübt. Schönberg überraschte seine Frau und Gerstl in einer kompromittierenden Situation. Selbst wenn er die Liaison schon geahnt haben mochte, selbst wenn ihm Tochter Trudi, wie kolportiert wird, bereits erzählt hatte, der junge Mann und die Mutter würden sich des öfteren küssen, mußte er das Verhalten der beiden als Schlag empfinden. Was aber in ihm vorgegangen sein mag, als Gerstl und Mathilde »durchbrannten«, heimlich die Sommerfrische verließen, um in Wien unterzutauchen, kann allenfalls noch mittelbar – über sein Schaffen und einige wenige Dokumente – erschlossen werden. Die Dramatik des Vor-

Glauben Sie mir, Richard hat von uns beiden den leichteren Weg gewählt. Leben zu müssen in so einem Fall ist schrecklich schwer.
Mathilde Schönberg
an Alois Gerstl,
den Bruder Richards,
9. November 1908

26 Mathilde Schönberg, Foto, um 1920

gangs sollte sich indes noch zuspitzen. Zwar kehrte Mathilde, nachdem Webern sich vermittelnd eingeschaltet hatte, »wegen der Kinder« zu Schönberg zurück, dann aber geschah Furchtbares. Am 4. November 1908, just an jenem Tag, an dem Webern im großen Saal des ›Musikvereins‹ die Uraufführung seiner ›Passacaglia op. 1‹ dirigierte, erhängte sich Gerstl in seinem Atelier, in der Liechtensteinstraße 20, nur wenige Häuser von der Geliebten entfernt: gleichwohl getrennt von ihr, gemieden von Schönberg (aus naheliegenden Gründen) und seinen Anhängern.

Mathilde hat diesen Schock wohl zeit ihres Lebens nicht verwunden. Ohnehin von äußerster Zurückhaltung, wurde sie noch wortkarger, verschloß sie zunehmend ihr Herz. Aber auch Schönberg, wie Mathilde, wie Gerstl ohne moralische Schuld, hatte Mühe, das grausige Geschehen zu schultern. Auf diesbezügliche Schwierigkeiten verweist jedenfalls der Umstand, daß er sich noch 1938 – in einem ›Malerische Einflüsse‹ benannten Schriftstück – schroff von dem Unglücklichen distanzierte. In welch gefährliche Krise der Komponist durch die Affäre geraten war, belegt zudem ein 1908 niedergelegter, ausführlicher Testamentsentwurf, der in jedem seiner Sätze die seelische Erschütterung Schönbergs spüren läßt, auch wenn er seiner Frau letztlich verzeihen konnte.

Schönberg gelang es, den Gedanken an Selbstmord zu verjagen, die klaffende Wunde zusammenzuziehen, indem er auf die Heilkraft seines Schaffens vertraute. Mittels komplizierter, kaum ergründbarer Transformationsprozesse vermochte er das persönlich erfahrene Leid seiner Kunst anzuverwandeln, schaffte er es, das subjektive Erleben mit den objektiven Notwendigkeiten seines Komponierens zu vermählen. Als wichtiges Testat dieser Umbildungsvorgänge muß Schönbergs ›Streichquartett op. 10‹ betrachtet werden, dessen ersten Satz er bereits

Nun ist aber doch nicht zu leugnen, daß ich über ihren Treubruch äußerst unglücklich bin. Ich habe geweint, habe mich wie ein Verzweifelter gebärdet, habe Entschlüsse gefaßt und wieder verworfen, habe Selbstmordideen gehabt und beinahe ausgeführt, habe mich von einer Tollheit in die andere gestürzt – mit einem Wort, ich bin ganz zerrissen.

Aus ›Testamentsentwurf‹, 1908

1907 vollendet hatte. Die drei anderen Sätze entstanden 1908: während beziehungsweise nach jenem schicksalhaften Sommerurlaub in Gmunden. Den biographischen Hintergrund können sie denn auch nicht leugnen. Der zweite Satz, ein Scherzo, eröffnet mit einem unheimlich pochenden, an Beethovens ›Sinfonie Nr. 5‹ gemahnenden D in der Cellostimme. Die Erwartung des Schauerlichen wird im weiteren Verlauf durch Modulationen, den Gebrauch von Dissonanzen und polyphonen Schichtungen gesteigert: bis zu jener berühmten Passage, in der Schönberg den Beginn des Altwiener Walzerlieds ›O du lieber Augustin‹ zitiert – so als wolle er den Hörer einbeziehen, ihn zwingen, das »alles ist hin« zu ergänzen; als wolle er sagen, daß Leben, Entwicklung allen Menschen nur Totentanz sei. Wie um dem Hochdruck seiner Gefühle ein Ventil zu verschaffen, sprengte der Komponist im dritten wie vierten Satz die Gattungsgrenzen, als er zum Klangkörper der Streicher einen Sopran hinzutreten ließ, dem er zwei Gedichte Stefan Georges anvertraute: ›Litanei‹ respective ›Entrueckung‹. Die Bezüge auf das Befinden Schönbergs liegen auf der Hand. Während in dem ersten von ihnen die Verse »Ein tret ich wieder, Herr! in dein haus […] / Töte das sehnen, schließe die wunde! / Nimm mir die liebe, gib mir dein glück!« enthalten sind, setzt das zweite mit der Zeile »Ich fühle luft von anderem planeten« ein.

Doch mit der Formel »Hier Leben, dort Abbild« würde man dem vielschichtigen Werk kaum gerecht. Denn einerseits lassen sich die erwähnten Fakten auch auf extrabiographische Phänomene beziehen. Andererseits besaß Schönberg natürlich Intelligenz-Instinkt genug, die Welt seiner aufgewühlten Emotionen mit dem Kosmos der Struktur zu konfrontieren.

Die Assoziation des »alles ist hin« etwa kann nicht nur auf seine beinahe gescheiterte Ehe gemünzt werden, sondern auch

auf das Ende seiner tonalen Phase: Immerhin verzichtete der Komponist nach dem in fis-Moll stehenden ›Streichquartett op. 10‹ für lange Zeit auf die Bezeichnung der Tonart, komponierte er fortan atonal. Dementsprechend ist der Text des Finales »Ich fühle Luft von anderem Planeten« nicht nur als Todesahnung interpretierbar, sondern auch als Vision einer erahnten Zukunftsmusik. Der betreffende Partiturausschnitt legt eine solche Deutung ebenfalls nahe: Die Stimme des Soprans zeigt sich in ihrer diatonischen Führung noch dem Irdischen verhaftet, aber die zart aufspielenden Streicher heben mit ihren vielfach alterierten Akkorden vom Boden der Tonalität ab, vermitteln den Eindruck von Schwerelosigkeit.

Der Flut seiner Gefühle setzte Schönberg minutiös geplante Strukturen entgegen. So fügt sich das Zitat von ›O du lieber Augustin‹ bruchlos in das musikalische Geschehen ein, da die Motivik des Lieds mit dem thematischen Material seiner Umgebung sowie den Hauptthemen der anderen Sätze verwandt ist. Und der emotionale Überschwang der ›Litanei‹ wird dadurch eingedämmt, daß ihr streng gearbeitete Variationen unterlegt sind.

Als erster Abglanz der erlauschten Zukunftsmusik gilt Schönbergs Liederzyklus ›Fünfzehn Gedichte aus »Das Buch der hängenden Gärten« von Stefan George op. 15‹, mit dessen Komposition er parallel zum ›Streichquartett op. 10‹ begann, die er aber erst 1909 abschließen konnte. Ob er wußte, daß der Dichter seine Strophen als Hommage an Ida Coblenz verstand? An jene von diesem nur platonisch angebetete Freundin, die sich im Fin de siècle ehelich mit einem Konsul Auerbach verbunden hatte, sich dann aber – schon »guter Hoffnung« – Richard Dehmel hingab: ihrem späteren Gatten, der bereitwillig sein »Ego te absolvo« psalmodierte, um ihr (halb Heiliger, halb Don Juan) die Verse der ›Verklärten Nacht‹

◄ 27 Autograph des ersten Lieds (›Unterm schutz von dichten blättergründen‹) aus dem ›Buch der hängenden Gärten op. 15‹. Der Ausschnitt zeigt den Beginn der Singstimme. Der Ton H, mit dem sie einsetzt, blieb im Vorspiel des Klaviers ausgespart, so daß ihm nun eine besondere Aura zu eigen

ist. Die Bedeutung dieses Tons wird nicht nur durch die Tatsache unterstrichen, daß mit ihm der Mensch sich zu Wort meldet, sondern auch dadurch, daß er für lange Zeit der tiefste Punkt des Vokalparts bleibt und er als Basis künftiger Akkordbildungen dient.

zu dezidieren. Ob Schönberg diesen gesellschaftlichen Kontext bei seiner Entscheidung, die Gesänge aus dem ›Buch der hängenden Gärten‹ zu vertonen, mit ins Kalkül gezogen hatte? Oder ob er sich lediglich von der erotischen Oberfläche der Verse faszinieren ließ, auf der sich Unrechtmäßiges (»In andrer herren prächtiges gebiet«), aber auch Gefährliches (»Palmen mit den spitzen fingern stechen«) widerspiegelt? Fakt ist, daß der Komponist die Gedichte von George mit überwältigender, ja genialer Sicherheit für seine Obliegenheiten auswählte. Daß er in ihrer Vagheit, ihrer Unbestimmtheit (hat er sie oder hat er sie nicht?) eine Entsprechung für seine aktuelle, im ›Buch der hängenden Gärten‹ dokumentierte Klangsprache sah. Befand diese sich doch auch im Ungeklärten, im Zustand der Häutung sozusagen: In der Aufgabe der Tonalität offenbarte sie bereits ihre neue Außengestalt, während der Wechsel zwischen kleiner und großer Terz, der den Zyklus mottoartig eröffnet, noch als Rest der alten Epidermis zu werten ist.

Nach den belastenden Erlebnissen am Traunsee entschied sich Schönberg, wen wird es wundern, die Sommerferien 1909 (von Anfang Juli bis Ende September) an einem anderen Ort zu verbringen: im niederösterreichischen Steinakirch bei Amstetten. Allerdings holten ihn hier ebenfalls die Erinnyen ein, blieb er der Alliance aus Liebesleid und Liebesfreud verhaftet.

Wie üblich verlebte er seinen Jahresurlaub mit der Familie und befreundeten Künstlern. Zu ihnen zählte heuer neben Berg, Webern oder Erwin Stein die junge Ärztin Marie Pappenheim. Der Name der auch literarisch Tätigen besaß in Künstlerkreisen einen guten Klang, nicht zuletzt weil Karl Kraus einige ihrer Gedichte veröffentlicht hatte. So mag es vielleicht überraschend, doch keinesfalls abwegig erscheinen, daß Schönberg der Siebenundzwanzigjährigen das Angebot unterbreitete,

28   Stefan George
(1868–1933), Foto,
1928

für ihn ein Opernlibretto zu verfassen. Pappenheim schreckte vor der Größe dieser Aufgabe zwar kurz zurück, wartete dann aber mit dem positiv angenommenen Gegenvorschlag auf, ein »lyrisches Monodram« zu schreiben. Ob Schönberg ihr nun ein Sujet nahelegte oder ob er ihr völlig freie Hand ließ; welche der Korrekturen im Textmanuskript von ihm oder der Dichterin stammen: solche und ähnliche Fragen blieben bis heute umstritten. Konsens herrscht hingegen über die frappierend kurze Entstehungszeit der gemeinsamen, als ›Erwartung, op. 17‹ in den Werkkatalog eingegangenen Schöpfung. Während Pappenheim für die Niederlegung des Texts die ersten Augustwochen benötigte, begab sich Schönberg Ende des Monats an die Komposition, um die erste Fassung am 11. September und die Reinschrift der Partitur am 4. Oktober 1909 abzuschließen. Die Gründe für diesen Schaffensrausch dürften wenn auch nicht philologisch, so doch psychologisch – abgesichert sein. Immerhin verweist der Dreiklang von Liebe, Untreue und Tod, der die ›Erwartung‹ durchzieht (eine Frau irrt durch einen nächtlichen Wald, um ihren Geliebten zu suchen und ihn schließlich tot vor dem Haus der Rivalin zu finden) abermals auf die sogenannte Gerstl-Affäre.

Hatte die psychoanalytisch erfahrene Ärztin, eine nahe Verwandte der in Sigmund Freuds ›Studien über die Hy-

29 Arnold Schönberg, ›Portrait von Marie Pappenheim‹, 1909

sterie‹ eingegangenen Berta Pappenheim, ihren Stoff derart drapiert, um Schönberg – künstlerisch, versteht sich – in ihren Bann zu ziehen? Kehrte sie in ihrem Monodram die Geschlechterrollen deshalb um (in der ›Erwartung‹ wird die Frau von ihrem Mann »betrogen«), weil sie wußte, daß der Komponist von Honoré de Balzacs Erzählung ›Séraphita‹ fasziniert war, jener philosophischen Abhandlung über ein doppelgeschlechtliches, engelhaftes Wesen, *animus* und *anima* zugleich, das den Sieg des Geists über die Form verkörperte? Kannte sie Schönberg wirklich schon so gut, um dermaßen strategisch vorgehen zu können? Ein Brief, den dieser im August 1909 dem kollegial verbundenen Ferruccio Busoni schrieb, scheint eher ein Verneinen der letzten Frage nahezulegen.

Die angesprochene, bahnbrechende Überwindung der Form hatte Schönberg erstmals in den unmittelbar vor ›Erwartung‹ abgeschlossenen ›Fünf Orchesterstücken op. 16‹ realisiert. Einmal mehr durch die Lektüre Balzacs sowie einiger Schriften des schwedischen Naturforschers und Theosophen Emanuel von Swedenborg angeregt, dessen Ideen ›Séraphita‹ zugrundeliegen, wollte der Komponist keine konventionell-sinfonischen Sätze schreiben, sondern »direkt das Gegenteil davon, keine Architektur, kein Aufbau«, vielmehr »Farben, Rhythmen und Stimmungen«. Mustergültig, ja wegweisend für die Neue Musik des 20. Jahrhunderts setzte Schönberg diesen Gedanken im dritten der ›Orchesterstücke‹ um, das zunächst die auf Technisches zielende Überschrift ›Akkordfärbungen‹ erhielt, in der letzten Fassung (1949) aber den mehr auf Atmosphäre abhebenden Titel ›Sommermorgen an einem See (Farben)‹ bekam. Die vielbeachtete Impression läßt analytisch zwar eine Dreiteiligkeit erkennen, doch nimmt der Hörer das Geschehen in erster Linie als Kontinuum wahr, als athematisches Akkordband, das sich nur sukzessive durch allmähliche harmonische

Ich habe ein neues Werk angefangen; etwas fürs Theater; was ganz Neues. Das Textbuch hat der Autor (eine Dame) auf meine Anregung hin so gefunden und gefaßt, wie ich es meine.
An Ferruccio Busoni, August 1909

30 Ferruccio Busoni (1866–1924)

Fortschreitungen oder klangliche Abtönungen verändert. Und dennoch: Obwohl die ›Orchesterstücke‹ immer wieder wegen ihrer kompositionsgeschichtlichen Innovationskraft erörtert werden, hallt auch in ihnen der tragische Vorgang des Jahres 1908 wider. So berichtete Egon Wellesz, daß mit dem ›Sommermorgen an einem See‹ konkret der Traunsee gemeint sei. So schrieb Schönberg an Henri Hinrichsen, den Verleger des ›op. 16‹, man könne mit Klängen alles sagen, ohne seine Geheimnisse zu verraten. Muß man dem Musiktheoretiker Hugo Leichtentritt, der ein Konzert mit den Klavierfassungen des ersten, zweiten und vierten Satzes aus den ›Orchesterstücken‹ gehört hatte, folglich nicht zugestehen, seine als Attacke gemeinte Kritik enthalte auch ein Körnchen Wahrheit? »Schreckhafte Visionen erwecken diese Klänge, schauerliche Nachtgespenste drohen, und nichts, ach gar nichts von Freude und Licht, von dem, was das Leben lebenswert macht!«

Erst 1910, erst nach dem Exodus aus der Liechtensteinstraße und dem Umzug in den Villenvorort Hietzing, in die Hauptstraße 113, gelang es Schönberg langsam, dem Schatten Gerstls zu entkommen. Als Zeugnis dieser Entwicklung ist ein mit dem 16. November 1910 datierter Brief an Alma Mahler zu werten, in dem er darum bittet, im Fall einer Einladung an ihn seine Frau nicht auszuschließen – ein gesellschaftliches Ersuchen, das sich in eine Liebeserklärung für Mathilde wandelt: »Und ich bin fest überzeugt, wenn Sie sie näher kennten, würden Sie ihr mehr Sympathie entgegenbringen können als den meisten andern. Weil man mit ihr wirklich plaudern kann, weil sie eine Klugheit besitzt, die ungewöhnlich ist; ein Taktgefühl und einen Formensinn, der nicht oft vorkommt. Allerdings: sie nähert sich niemandem. Aus Bescheidenheit,

In der ›Erwartung‹ ist die größte Schwierigkeit diese: I. Es ist notwendig, daß man die Frau immer *im Wald* sieht, um zu begreifen, daß sie ihn *fürchtet*!! Denn das ganze Stück *kann* als ein Angsttraum aufgefaßt werden. Darum muß es aber auch ein *wirklicher* Wald sein und kein bloß »sachlicher«, denn vor einem solchen kann man sich grausen, aber nicht fürchten. II. Ich habe beim Komponieren für die drei Verwandlungen fast gar keine Zeit gelassen, so daß sie bei »offener« Szene geschehen müssen. III. Dazu kommt, daß erst in der letzten (4. Szene) die Hinterbühne mitspielt, wozu die Vorderbühne *leer* werden, alles Aussichtsstörende also fortgeschafft werden müßte. –

An Ernst Legal, 14. April 1930

aus einer Art Schüchternheit. Aber wer sie sucht, wird finden, was ihn überrascht.«

Das Jahr 1910 brachte Schönberg aber nicht nur den ehelichen Frieden zurück, sondern bescherte ihm gleich zu Beginn ein erfreuliches Konzert: Im Vortragssaal des unweit vom Naschmarkt gelegenen Ehrbar-Konservatoriums gelangten am 14. Januar die Lieder aus dem ›Buch der hängenden Gärten‹, die ›Drei Klavierstücke op. 11‹ sowie – klavierbegleitet – der erste Teil der ›Gurrelieder‹ zur Uraufführung. Die Solisten, etwa die Sopranistin Martha Winternitz-Dorda oder Schönbergs Cousin, der an der Hofoper wirkende Tenor Hans Nachod, gaben ihr Bestes, sorgten immerhin für einen Achtungserfolg. Dem Komponisten war indes die Erkenntnis wichtiger, daß die ›Gurrelieder‹ ohne Orchesterbegleitung nur als Torso zu betrachten seien und er die 1903 unterbrochene Arbeit an deren Instrumentation wieder aufnehmen müsse.

Zu den positiven Signalen von 1910 gehörte ferner der intensivierte Kontakt zur Universal Edition. Lange Zeit hatte Schönberg dem Verlag nur als Arrangeur gedient. Dann, 1909, hatte Direktor Emil Hertzka beschlossen, ihn künftig auch als Komponisten unter Vertrag zu nehmen. Nun schien Hertzka gar eine Art Fürsorgepflicht für den beförderten Mitarbeiter zu entwickeln. Er unterstützte dessen Plan, Dozent an der kaiserlich-königlichen Akademie für Musik und Darstellende Kunst zu werden – mit dem Erfolg, daß Schönberg im Herbst die Stelle mit dem jährlichen Salär von 400 Kronen antreten konnte. Und er stellte ihm, freilich nicht uneigennützig, eine Sekretärin nebst Schreibmaschine zu Verfügung, damit er seine ›Harmonielehre‹ zügig vollende, die 1911 bei der Universal Edition erscheinen sollte.

Die Arbeit an diesem musikpädagogischen *opus summum*, das man als Quintessenz jahrelanger, ebenso passionierter

31 Arnold Schönberg, ›Portrait von Emil Hertzka‹, undatiert

wie erfolgreicher Lehre ansehen muß, belastete Schönberg bis
an die Grenze des Ertragbaren. Sie beanspruchte all seine Sinne, forderte seinen ganzen Intellekt, verlangte die gesamte
Kraft seiner schier unerschöpflichen Formulierungskunst.
Kein Wunder ergo, daß die kompositorischen Erträge weit ge-
ringer ausfielen als im fruchtbaren Vorjahr. Kein Wunder
aber auch, daß die Einnahmen den Familienunterhalt nicht
länger sichern konnten, zumal Töchterchen Trudi seit einiger
Zeit zur Schule ging und Mathilde mal mehr, mal weniger,
aber eigentlich immer lungenleidend war.

Der pekuniäre Engpaß setzte indes das bildnerische Potential des Komponisten wieder frei, das die Trümmer des Jahrs
1908 verschüttet hatten. So bat Schönberg (den ihm nicht sonderlich sympathischen) Hertzka in einem Brief vom 7. Januar
1910, er möge doch »bekannte Mäzene veranlassen«, ihm gegen ein Honorar von »200 bis 400 Kronen« Portrait zu sitzen.

Schönbergs verzweifelter Appell an Hertzka verhallte echo-
los. Seinen Maldrang hemmte das allerdings nicht. Innerhalb
weniger Monate schuf er so viele Bilder, daß er am 12. Oktober 1910 im Kunstsalon Heller die erste Ausstellung eröffnen
konnte. Der Katalog umfasste knapp 50 Gemälde und Zeichnungen, unter ihnen Portraits (von Mathilde, Marie Pappenheim oder Gustav Mahler), Karikaturen, freie Arbeiten wie
›Phantasien‹ oder ›Nachtstücke‹, schließlich Studien und Fi-
gurinen zu dem noch unvollendeten Bühnenwerk ›Die glückliche Hand op. 18‹. Für das musikalische Rahmenprogramm
sorgte das Rosé-Quartett, das im Verein mit der Sängerin Marie Gutheil-Schoder Schönbergs ›op. 10‹ darbrachte.

Trotz dieser glanzvollen Inszenierung der Bilder blieb die
erhoffte Breitenwirkung aus. Doch würdigte die ›Wiener Kunst-
und Buchschau‹ das Ereignis in ihrem Rezensionsteil, in einem
verständnisvollen Artikel des Musikpädagogen und Schön-

Nur dürfen Sie den Leuten nicht sagen, daß ihnen meine Bilder gefallen
werden. Sondern Sie müssen ihnen begreiflich machen, daß ihnen meine
Bilder gefallen müssen, weil sie von Fachautoritäten gelobt wurden; und
vor allem aber, daß es doch viel interessanter ist, von einem Musiker meines Rufes gemalt zu werden oder ein Bild zu besitzen, als von irgend einem Kunsthandwerker, dessen Namen in 20 Jahren kein Mensch mehr
kennt, während meiner schon heute der Musikgeschichte angehört.
An Emil Hertzka, 7. Januar 1909

berg-Schülers Karl Linke. Und auch der finanzielle Erfolg stellte sich ein: Noch während die Ausstellung lief, hatte der Komponist die erfreuliche Nachricht erhalten, daß ein Herr, der anonym bleiben wollte, einige Gemälde erworben habe.

Das Jahr 1911 stand zunächst ebenfalls im Zeichen der Palette. Denn Mitte Januar hatte Schönberg einen Brief erhalten, dessen Schreiber ihm zwar unbekannt war, der sich aber als Maler ausgab. Der, wie er mitteilte, zu München ein Konzert gehört habe, in dem die ›Streichquartette op. 7‹ und ›op. 10‹ sowie die ›Klavierstücke op. 11‹ aufgeführt worden seien. Der beim Erlauschen der Klänge seine Sehnsucht erfüllt sah, über das Anti-Logische, Anti-Geometrische, kurz: über »die Dissonanzen in der Kunst«, zur Harmonie der Zukunft zu finden. Der ihm hier eine Mappe mit Holzschnitten schicke und sich »mit lebhafter Sympathie und aufrichtiger Verehrung« als Wassily Kandinsky empfehle. Mit seiner umgehenden Antwort, einem ausführlichen Brief vom 24. Januar 1911, besiegelte Schönberg eine der spannendsten Künstlerfreundschaften des 20. Jahrhunderts: Die Mappe habe ihm außerordentlich gefallen; er sei sicher, daß sie sich begegneten; und zwar in dem, was er, Kandinsky, das Unlogische nennen würde, er, Schönberg, aber als die »Ausschaltung des bewußten Willens in der Kunst« bezeichnen möchte: »Und die Kunst gehört aber dem *Unbewußten*! Man soll *sich* ausdrücken! Sich *unmittelbar* ausdrücken! Nicht aber seinen Geschmack, oder seine Erziehung oder seinen Verstand, sein Wissen, sein Können. … Sondern die *angeborenen*, die *triebhaften* [Eigenschaften].«

Man könnte glauben, himmlische Mächte hätten Kandinsky zu dem Komponisten geschickt, hätten diesem einen neuen Mitstreiter und Weggefährten zur Seite gestellt, um den Verlust eines anderen auszugleichen. Im März 1911 erhielt Schönberg Kunde davon, daß Gustav Mahler, der – unter anderem

---

Schönberg reicht keine Hand. Wer ihn aber aus einem Gefühl heraus begriffen hat, der ist ihm auf einmal so nahe, daß er der helfenden Hand nicht mehr bedarf. Das sind die Auserwählten, deren Sehnsuchtsharfe der Schöpfer selbst gestimmt hat. Aber nicht jeder vermag ihn zu hören oder zu sehen. Manche können stundenlang horchen und hören nicht einen Ton.

Aus Karl Linke, ›Arnold Schönberg‹, 1910

als Dirigent der New Yorker Philharmoniker – in den USA gastierte, schwer erkrankt sei. Durch die Nachricht in Unruhe versetzt, schrieb er Alma Mahler einen sorgenvollen Brief. Sie solle sich beeilen, forderte er sie am 27. des Monats auf, den Herrn Gemahl gesund zu machen, man brauche ihn in Wien: »Ich habe gar nicht mehr das Gefühl, daß es Wien gibt. Für mich war es immer nur eine Stadt, in der diese oder jene Persönlichkeit lebt. Wenn aber Mahler nicht in Wien ist, dann gibts kaum mehr Wien.« Schönbergs Bangen wurde von der Realität schon bald überholt. Lebensgefährlich erkrankt, kehrte Mahler im April nach Europa zurück. Todgeweiht erreichte er Wien (aus dem er wenige Jahre zuvor durch ehrlose Pressekampagnen von seiner Position als Direktor der Hofoper vertrieben worden war), um dort am 18. Mai zu sterben.

Wie schwer Schönberg an dem Verlust trug, mag die Tatsache belegen, daß er ihn nur durch jahrelange Trauerarbeit bewältigte, die 1920 ihren Höhepunkt erreichte, als er sich bei dem in Amsterdam stattfindenden Mahler-Fest engagierte. Doch zunächst galt es, Kränze zu flechten – eine Freundespflicht, der Schönberg mit der ganzen Vielfalt seines Genies nachkam.

So hielt er Mahlers Begräbnis (es fand auf dem Friedhof von Grinzing statt) in einem gleichnishaften, auf die Naturverehrung des Verstorbenen anspielenden Gemälde fest, das die Trauernden dem Schutz eines sie beschirmenden Baums anvertraut. So veröffentlichte er im ›Merker‹, der ›Österreichischen Zeitschrift für Musik und Theater‹, einen Nachruf (»Gustav Mahler war ein Heiliger. Jeder, der ihn nur einigermaßen kannte, muß das gefühlt haben. Verstanden haben es vielleicht nur wenige.«). So widmete er ihm seine schon

32 Arnold Schönberg, ›Begräbnis Gustav Mahlers‹, 1911

in der Herstellung befindliche ›Harmonielehre‹, in deren Vorwort er sich wünschte, das Werk möge ihm, Schönberg, Achtung einbringen, damit seine Aussage, Mahler sei ein »Ganz-Großer«, entsprechendes Gewicht erhalte. (In seiner Hoffnung täuschte sich der Autor nicht. Immerhin bestätigte ihm Carl Moll, man solle seine »goldenen Worte über den Unterricht – das Verhältnis des Lehrers zum Schüler – den lehrenden Herren mit einem eisernen Hammer in den Schädel hineinschlagen.«) So komponierte er am 17. Juni 1911 das letzte seiner ›Sechs Klavierstücke op. 19‹: einen unsagbar zärtlichen, den Mikrokosmos des Piano abtastenden, nur wenige Takte umfassenden Abgesang, aus dessen Wolkenvorhängen (liegende Quartenakkorde) kleine Hoffnungsstrahlen (Sekundschritte) hervorzuleuchten scheinen.

Wer diese Trauerode hört, der wird staunen, daß ein derart fragiles Gebilde in einer Zeit des Säbelrasselns und militärischen Gepränges entstehen konnte. Der wird aber auch die Sensibilität des Komponisten registrieren und ahnen, was der Komponist empfunden haben mag, als Webern ihm erzählte, der Herr, welcher vor einem Jahr einige der im Kunstsalon Heller gezeigten Gemälde gekauft habe, sei Gustav Mahler gewesen. Und wer jenen im ›Merker‹ publizierten Nachruf liest (»Selten hat einem die Mitwelt so arg mitgespielt«), der wird spüren, wie Schönberg sich mit dem verstorbenen Freund teilweise zu identifizieren begann. War nicht auch er jüdischer Herkunft? Hatte die Kritik nicht auch ihn immer wieder mit Haß überschüttet? Blieb ihm nicht gleichfalls die Anerkennung seiner Leistungen weitgehend versagt? Lag für ihn nicht ebenso das Heil in der Flucht aus Wien?

Als Schönberg von einem offenkundig wahnsinnigen Ingenieur, der im gleichen Haus wie er wohnte, massiv bedroht wurde, trat er sie an: Im Sommer 1911 floh er nach Bayern, bezog er mit seiner Familie am Starnberger See ein Zwischenquartier.

Berliner Luft und Kriegswolken
… man hat weiterzugehen

Obwohl Schönbergs Flucht aus Wien überstürzt und plan-los vonstatten ging, fügten sich die Ereignisse der nächsten Monate, wie man *ex eventu* sagen kann, zu einem insgesamt stimmigen Bild. Kompositum dessen war die erste persönliche Begegnung mit Kandinsky, der mit seiner Lebensgefährtin Gabriele Münter in Murnau wohnte und Schönberg im unweit gelegenen Starnberg besuchte. Schon bei dieser Gelegenheit wird man über die ersten gemeinsamen Projekte gesprochen haben: über die legendäre »Der Blaue Reiter« betitelte Ausstellung von Gemälden und Zeichnungen, die November 1911 in München eröffnet wurde, hernach auf Reisen ging und Werke von Kandinsky, Schönberg, Münter, Franz Marc und August Macke präsentierte; sowie über den gleichnamigen Almanach, der im folgenden Jahr beim Piper Verlag erschien und später als »bedeutendste Programmschrift der Kunst des 20. Jahrhunderts« gelten sollte. Er enthielt Schönbergs Essay ›Über das Verhältnis zum Text‹, in dem der Komponist die Kraft des Unbewußten beschwor und sich somit erneut zum Expressionismus bekannte: Seine Gesänge habe er meist »berauscht von dem Anfangsklang der ersten Textworte« komponiert, ohne sich »um den weiteren Verlauf der poetischen Vorgänge zu kümmern«. Ob seine für Celesta, Harmonium und Harfe geschriebenen ›Herzgewächse op. 20‹ nach Maurice Maeterlinck, die im Almanach ›Der Blaue Reiter‹ zur Erstveröffentlichung kamen, diese Aussage stützen konnten? Oder versuchte Schönberg den Aspekt des Konstruktiven in seiner Musik (ähnlich wie den des Auto-

Erinnern Sie sich noch, lieber Herr Schönberg, wie wir uns kennen lernten – am Starnberger See – ich kam mit dem Dampfer und kurzer Lederhose an und sah eine schwarz-weisse Grafik – Sie waren ganz weiss angezogen und nur das Gesicht war tief-schwarz. Und später der Sommer in Murnau? Alle unsren damaligen Zeitgenossen seufzen bei Erinnerungen an diese verschollene Zeit tief auf und sagen: »Eine schöne Zeit war es«. Und sie war wirklich schön, mehr als schön.

Kandinsky an Schönberg, 1. Juli 1936

biographischen) zu verschleiern, weil er fürchtete, die einseitige Hervorhebung des Strukturellen könne den Blick auf das Wesentliche seiner Kunst verstellen? Jedenfalls lassen die ›Herzgewächse‹ (mit ihren vielen Klangfarbenwechseln, der ständig sich ändernden Rhythmik und dem weiten, nahezu drei Oktaven umfassenden Ambitus des Soprans) einerseits zwar an einen rauschhaften Schaffensprozess denken, andererseits deuten die komplexe, den Sinn der literarischen Aussage verstärkende Struktur und die präzise Deklamation aber ebenso auf eine gleichermaßen intellektuelle wie sorgfältige Auseinandersetzung mit der poetischen Vorlage.

Zu den glücklichen Fügungen von 1911 gehörten auch jene Aktivitäten, die Schüler wie Freunde an den Tag legten, um ihre Solidarität mit Schönberg zu bekunden, um den von seinen Einnahmequellen Abgeschnittenen materiell abzusichern. So schrieb Alban Berg (ohne Wissen des Lehrers) einen hilfesuchenden Rundbrief: Der Gedanke, daß Schönberg an der »gemeinen Notdurft des Lebens« scheitern solle, erläuterte der Autor, hätte ihn dazu bewegt, »zum Zwecke einer Geldsammlung« einen Aufruf »an Kunstfreunde« zu verschicken. Tätiges Mitgefühl regte sich auch außerhalb Wiens. Schon Mitte des Jahrs war es dem Berliner Dirigenten Oskar Fried gelungen, Paul Cassirer, den Verleger und Galeristen, als Mäzen für Schönberg zu gewinnen. Ein kluger Schritt, denn er machte es möglich, die im Haus Cassirers erscheinende Kunstzeitschrift ›Pan‹ für weitere Maßnahmen zu nutzen: etwa für eine im September publizierte Anzeige, die Ferruccio Busoni, Arthur Schnabel, Oskar Fried, Alfred Kerr unterschrieben hatten – sowie Edward Clark, der Berliner Korrespondent der Londoner ›The Musical Times‹ und nachmalige Schönberg-Schüler. Das Inserat warb nicht nur um weitere Geldgeber, sondern tat der Öffentlichkeit auch erstmals den Plan des Komponisten kund, sich

> Sie glauben gar nicht, wie berühmt ich hier [in Berlin] bin. Ich schäme mich ja selbst fast, es zu gestehen. Überall kennt man mich. Man erkennt mich nach meinen Bildern. Man kennt meine »Biographie«, meine Einzelheiten, weiß von meinen »Skandalen« und fast mehr als ich, der ich so etwas bald vergesse.
>
> *An Emil Hertzka, 31. Oktober 1911*

in Berlin niederzulassen und dort Privatunterricht zu erteilen. Als die genannten Aktivitäten mehrere Tausend Reichsmark eingebracht hatten, dank derer Schönberg die Mietrückstände für seine Wiener Wohnung begleichen und die kommenden Monate finanziell überstehen konnte, als ferner ein Vertrag zustande kam, der ihm unter fairen Bedingungen eine Vortragsreihe am Sternschen Konservatorium zusicherte, waren die Würfel gefallen, zog der Komponist zum zweiten Mal in die Reichshauptstadt.

Ein ›Selbstportrait‹ Schönbergs von 1911 scheint auf die entscheidungsschwere Zeit anzuspielen. Es zeigt den Komponisten von hinten, an einer Straßenkreuzung stehend, die von Trams befahren wird: so als ob er über sich und sein Tun nachsinne, er den einzuschlagenden Weg bedächte und abwäge, auf welchen Zug er denn springen möchte.

Nachdem Schönberg aber die »Tram nach Berlin« erst einmal bestiegen hatte, begann er ungeachtet aller Schwierigkeiten zu spüren, daß sich seit seinem ersten Berliner Intermezzo so manches zum Positiven verändert hatte. Er war nicht mehr der namenlose Kapellmeister von einst, der bei Richard Strauss anklopfen mußte, nicht mehr der lokal fixierte Komponist, dessen Ruf sich auf Wien beschränkte. Jetzt erfreute er sich eines internationalen Ansehens, hörte er seinen Namen in Zusammenhang mit den größten seiner Zeit, konnte er auf die Hilfe und Achtung von Künstlern wie Kunstfreunden setzen, ohne darum kämpfen zu müssen.

33 Arnold Schönberg, ›Selbstportrait‹, 1911

Schönbergs Berliner Wohlgefühl hing aber nicht nur mit dem Respekt zusammen, den man ihm zollte, sondern auch mit einem Ambiente, das außergewöhnlich komfortabel genannt werden darf. Denn das am 1. Oktober 1911 bezogene Domizil, eine elegante Etagenwohnung in der Villa Lepcke, die an der zu Berlin-Zehlendorf gehörenden Machnower Chaussee lag, bestach durch gut proportionierte Räume, die sowohl Schönberg und seiner Familie als auch zahlreichen Gästen viel Platz bot. Außerdem konnte der Garten des Hauses, dessen schlicht-moderner Zuschnitt dem Komponisten gefallen haben wird, mit einem weitflächigen Teich aufwarten, der zum Schwimmen und Rudern einlud. Als Mitte Oktober dann auch noch Anton Webern eintraf, um (bis Mai 1912) in Schönbergs weiterer Nachbarschaft Quartier zu nehmen, schien die ländlich anmutende Idylle vollkommen zu sein: mußte dieser in dem Weggefährten doch einen Sendboten der verlorenen Heimat erblicken.

Der Wechsel von Ort und geistigem Klima förderte ungeahnte Kräfte ans Licht. Schon im November 1911 gelang es Schönberg, das rund ein Dezennium währende Unternehmen der ›Gurrelieder‹ abzuschließen. Von dieser Last befreit, brannte er im folgenden Jahr ein Feuerwerk ab, stürzte er sich von einem Projekt ins nächste, fügte er seinem Werk Baustein um Baustein hinzu, entfaltete er eine bislang nicht gekannte Reisetätigkeit.

Ende Januar 1912 erhielt Schönberg ein folgenreiches Angebot, wie er in seinem am 19. des Monats eröffneten Berliner ›Versuch eines Tagebuches‹ notierte: »Vorschlag zu Frau Dr. Zehmes Vortragsabsichten, einen Zyklus *Pierrot lunaire* zu komponieren. Stellt hohes Honorar (1000 Mark) in Aussicht. Habe Vorwort gelesen, Gedichte angeschaut, bin begeistert. Glänzende Idee, ganz in meinem Sinn. Würde das auch ohne Honorar machen wollen.« Hinter der Auftraggeberin steckte die 1857 in Wien geborene Schauspielerin und Sängerin Albertine Zehme,

34   Villa Lepcke, Foto, um 1911

die sich nach ihrer Hochzeit mit dem Leipziger Prominentenanwalt Dr. Felix Zehme von der Theaterbühne zurückgezogen hatte, um wenige Jahre später als anerkannte Protagonistin des Melodrams das Konzertpodium zu betreten. Und hinter dem ›Pierrot lunaire‹ verbarg sich der gleichnamige Zyklus des belgischen Lyrikers Albert Giraud, von der Décadence geprägte Gedichte, die Otto Erich Hartleben, der früh verstorbene Repräsentant des ›Friedrichshagener Dichterkreises‹, frei übersetzt und 1893 im Verlag Deutscher Phantasten veröffentlicht hatte.

Nach Abschluß der Vertragsverhandlungen (die sich nicht leicht gestalteten, weil Schönberg anders als seine Geldgeberin und künftige Interpretin zunächst kein Pauschalhonorar wollte, sondern Aufführungstantiemen bevorzugte) gab sich der Komponist einem lustvollen Schaffensdrang hin. Dieser brach sich Mitte März Bahn, verebbte Anfang Juli und führte zur Entstehung der drei mal sieben Melodramen des ›Pierrot lunaire op. 21‹, kammermusikalischer Preziosen, in denen Schönberg schlichtweg zauberte, mit denen er das Wunder schaffte, die hohe Schule des Kontrapunkts und der Variation mit hautnaher Sinnlichkeit zu verbinden: »Die Klänge werden hier«, vertraute er am 12. März (nach der Komposition des ersten Melodrams, der späteren Nummer Neun) dem ›Tagebuch‹ an, »ein geradezu tierisch unmittelbarer Ausdruck sinnlicher und seelischer Bewegungen. […] ich weiß jetzt, woher es kommt: Frühling!!! Immer meine beste Zeit. Ich fühle bereits wieder die Bewegung in mir. Ich bin darin fast wie eine Pflanze. Jedes Jahr das gleiche. Im Frühjahr habe ich fast immer etwas komponiert.«

Ob Schönberg ahnte, daß er mit dem ›Pierrot‹ nicht nur seinen Antipoden Igor Strawinsky beeindrucken würde, sondern einen musikalischen Prototyp geschaffen hatte, der eine vielgliedrige Ahnenreihe hervorbringen sollte – angefangen von Hanns Eislers ›Palmström-Liedern op. 5‹, über Maurice Ravels

35 ›Pierrot lunaire‹, Titelblatt der deutschen Erstausgabe, 1893

[…] ein Klavierauszug ist undenkbar (bei der Polyphonie). Mehr noch bei diesen Werken [›Pierrot lunaire‹], wo die Farbe alles, die Noten gar nichts bedeuten.
An Emil Hertzka, 5. Juli 1912

›Chansons madécasses‹ und den Zyklus ›Le marteau sans maître‹ von Pierre Boulez bis hin zu Edison Denissows Gesängen ›La vie en rouge‹?

Im Januar 1912, etwa zur Zeit von Zehmes Offerte, plagten den Komponisten jedoch andere Sorgen. Er hatte eine Matinée vorzubereiten, in deren Rahmen eigene Werke aufgeführt werden sollten (einige frühe Lieder, die ›Klavierstücke op. 19‹, ›Das Buch der hängenden Gärten op. 15‹, drei der ›Orchesterstücke op. 16‹, von Erwin Stein für zwei Klaviere achthändig arrangiert, sowie die jüngst entstandenen ›Herzgewächse op. 20‹) – und dabei allerhand Widrigkeiten in Kauf zu nehmen. Zunächst sagte die Harmoniumspielerin ab, dann der Pianist, schließlich der Harfenist. Schönberg gelang es zwar, gute bis hervorragende Ersatzleute zu finden (so etwa den Busoni-Schüler Eduard Steuermann, der nicht nur umgehend sein Kompositionsschüler wurde, sondern zu einem der wichtigsten Interpreten der Wiener Schule heranwuchs). Als sich aber auch die Sopranistin Martha Winternitz-Dorda, die seinerzeit am Hamburger Stadttheater engagiert war, wegen Heiserkeit entschuldigen ließ, um im letzten Moment doch noch ihre Auftrittsbereitschaft zu signalisieren, als zudem die Firma Blüthner die Benutzung ihres Flügels verbot, sah er sich gezwungen, die Aufführung der ›Herzgewächse‹ auf einen unbestimmten Termin und die der übrigen Kompositionen auf den 4. Februar zu verschieben. Es erstaunt nicht, daß Schönbergs Nerven bloßlagen, daß der schöne Erfolg des Konzerts (es fand im Harmonium-Saal an der Steglitzer Straße statt) und die Vielzahl geschätzter Gäste (Ferruccio und Gerda Busoni, Oskar Fried, der Dirigent Iwan Fröbe, der Dichter Albert Ehrenstein, die Konzertunternehmer Louise Wolff und Emil Gutmann aus Berlin, Adolf Loos, Eugenie Schwarzwald und ihr Gatte aus Wien) seine lädierte Psyche nicht befrieden konnten.

Eine Didaxe des Schönbergstils würde ich mit dem siebenten Lied anfangen, das den ersten Zyklus beschließt. Es ergriff mich unmittelbar. Zur Sprechstimme gibt es da nichts als eine Soloflöte, die namentlich in der Tiefe von zauberhafter Wirkung ist. […] Die Klangkombinationen Schönbergs sind aber selbst in dieser einfachsten Form schon bedeutend irritierender, nervöser, aufgepeitschter als bei Mahler. Und nun gar erst bei reicher auftretender Instrumentation. Welche Urtöne von brüllender Tiefe werden dem Klavier entlockt, wie mischt es sich mit dem Cello (»Finstre

Die seelische Labilität des Komponisten offenbarte sich in seiner Reaktion auf den Verriß, mit dem der Kritiker Leopold Schmidt das Konzert im Harmonium-Saal bedachte. Der Mitarbeiter des ›Berliner Tageblatts‹ verstieg sich zu der Behauptung, die vorgetragenen Lieder seien eines wie das andere, ebenso langweilig wie erfindungslos: »Gegen diese Musik braucht man nicht zu kämpfen, sie bringt sich selber um.« Der gute Leopold Schmidt schien aber sich selber umbringen, sich selber als Kritiker erledigen zu wollen. Denn er bemerkte weder, daß die ›Herzgewächse‹ vom Programm gestrichen worden waren (wie in der Veranstaltung extra angekündigt), noch, daß Steuermann die Aufgaben des ursprünglich verpflichteten Pianisten Egon Petri übernommen hatte. Im Gegenteil: Schmidt tat in seiner Besprechung so, als habe er die ›Herzgewächse‹ und Petri gehört.

Schönberg hätte also die gewiß heftige, letztlich aber belanglose Tirade lässig parieren können (eingedenk des Worts von Karl Kraus, man müsse seine Gegner nur zitieren, um sie zu vernichten). Er hätte in das Feuilleton des ›Berliner Tageblatts‹ nur die kleine Anmerkung einschieben müssen, Schmidt wäre bei dem Konzert, da er die besagten Fakten nicht registriert habe, körperlich oder geistig nicht präsent gewesen. Doch der Attackierte blähte den Vorfall auf. Er adelte den Schreiberling dadurch, daß er im ›Pan‹, der Wochenschrift seines Gönners Cassirer, unter dem Titel ›Schlafwandler‹ eine umfangreiche Invektive gegen ihn vom Stapel ließ und (nachdem dieser repliziert hatte) abermals zurückschoß: mit dem gleichfalls im ›Pan‹ veröffentlichten Artikel ›Der Musikkritiker‹. Mehr noch: Schönberg, bekanntlich ein Meister der geschliffenen Rede, hatte in der Konfrontation mit Schmidt keine Worte mehr – vor Wut – und ließ eben dieselbe in einer kleinen Serie von ›Kritiker‹-Karikaturen verrauchen.

schwarze Riesenfalter«), mit dem Piccolo, mit Melodiefetzen der gedämpften Geige oder Bratsche (»O alter Duft«). – Es läßt sich nicht leugnen, daß ein Werk von unerhörter Bedeutung, ein Werk für Generationen geschaffen ist. Wiewohl es kalt läßt. Aber in seiner Kälte haftet es im Gedächtnis, ist in der Erinnerung womöglich noch aufreizender, noch interessanter als beim unmittelbaren Zuhören.

Aus Max Brod, ›Pierrot lunaire (Liederzyklus Arnold Schönbergs)‹, 1923

Hatten sich die in Wien erlittenen Wunden noch nicht geschlossen? War Schönbergs Selbstbewußtsein, das er anderen, etwa Hertzka (»Sie glauben gar nicht, wie berühmt ich hier bin«), zu vermitteln suchte, nur eine mühsam aufrechterhaltene Fassade? War seine Kampfbereitschaft nur ein Schutzwall, der seine Sensibilität, seine Selbstzweifel verdecken sollte? Der Argwohn, mit dem der Komponist seinerzeit selbst Freunden begegnete, legt ein Ja als Antwort nahe. So kritisierte er seinen Freund Adolf Loos, der eigens für das Konzert im Harmonium-Saal aus Wien angereist war, weil dieser zwar »sehr nett« gewesen sei, »aber kein Wort über die Sachen« gesagt habe: »Das habe ich eigentlich nicht gern. Dieser bloße Respekt genügt mir nicht.« Und auch als Schönberg im Februar nach Prag fuhr, um dort – am 29. des Monats im Deutschen Theater – seinen ›Pelleas‹ zu dirigieren, bedachte er engste Freunde mit Kritik. Alexander Zemlinsky, seit Herbst 1911 musikalischer Leiter dieses Hauses, wurde im ›Tagebuch‹ gerügt, weil er, der weitaus erfahrenere Dirigent, sich während der Orchesterproben neben seinen Schwager stellte, mittaktierte und ihn durch ein »Zuviel an Ratschlägen« entmutigte. Selbst Webern, der seinem Meister aus Berlin gefolgt war, blieb nicht ungetadelt, obgleich er ihn mit einem kostbaren Geschenk überraschte: mit einem druckfrischen Exemplar des soeben bei Piper erschienenen Schönberg-Almanachs, den er,

36 Arnold Schönberg, ›Der Kritiker‹, 1911

Webern, sowie Berg, Kandinsky, Paris von Gütersloh, Karl Linke, Egon Wellesz und andere in monatelanger Vorarbeit verfaßt hatten. Der Geehrte zeigte sich zwar über das Präsent gerührt, ja er entschied, Webern bei nächster Gelegenheit das Du anzubieten, doch monierte er, daß die Gabe zu monumental ausgefallen, daß er, Schönberg, noch kein Denkmal sei: »Für dieses Lob bin ich zu jung, habe noch zu wenig und wenig Vollendetes geleistet.«

Eine kaum später (am 12. März) vorgenommene Eintragung ins ›Tagebuch‹ läßt die Unsicherheit Schönbergs, das Aus-dem-Gleichgewicht-Sein, noch deutlicher erkennen: »Die Hartnäckigkeit, mit der mir meine Schüler auf den Fersen sind, indem sie zu überbieten trachten, was ich biete, bringt mich in Gefahr, ihr Nachahmer zu werden, und hindert mich, dort ruhig auszubauen, wo ich eben stehe. Sie bringen gleich alles zur zehnten Potenz erhoben.«

Seine innere Ausgeglichenheit erlangte Schönberg erst nach der zügig voranschreitenden Komposition des ›Pierrot‹ und einigen äußeren Erfolgen wieder: wie seinem begeistert aufgenommenen Mahler-Vortrag, den er am 25. März in der Prager Lese- und Redehalle hielt, wie der Aufführung seines ›Streichquartetts op. 7‹ und der ›Verklärten Nacht‹ durch das (verstärkte) Rosé-Quartett am 16. April im Wiener Bösendorfer-Saal, wie der Darbietung des ›Buchs der hängenden Gärten‹ und des ›Streichquartetts op. 10‹ Ende Juni anläßlich der Wiener Festwochen oder wie der glanzvollen Uraufführung der ›Orchesterstücke op. 16‹ am 3. September im Rahmen der Londoner Promenade Concerts unter der Leitung von Sir Henry Wood.

Solche und andere Highlights gaben Schönberg auch die Energie, dem Präsidenten der Akademie für Musik und Darstellende Kunst in Wien am 29. Juni eine Absage zu erteilen, als dieser ihm nun doch die (schon 1910 avisierte) Professur

Ich kann Ihnen nicht sagen, wie sehr Ihre Musik mein Interesse findet, und Sie werden erfreut sein zu hören, daß das Orchester der Queen's Hall sich mit großer Begeisterung dieses Werkes annahm. [...] Die Stücke wurden bis zu Ende gespielt, das Publikum lauschte mit größter Aufmerksamkeit, und am Ende war ein überwältigender Beifall.
Henry Wood an Schönberg, 24. Januar 1913

für Tonsatz anbot. Das sei nicht nur, aber auch eine Frage der Gage; im übrigen habe er nie vorgehabt, »in alle Ewigkeit bis zur Arterienverkalkung« Harmonielehre und Kontrapunkt zu unterrichten, sondern stets an eine Lehrkanzel für Komposition gedacht; sein Hauptgrund aber sei, daß er »augenblicklich noch nicht in Wien leben« könne: »Ich habe noch nicht verschmerzt, was man mir dort angetan hat, ich bin noch nicht ausgesöhnt. Und ich weiß, ich hielt es nicht zwei Jahre aus. Ich weiß, ich hätte in kürzester Zeit dieselben Kämpfe vor mir, denen ich entgehen wollte.«

Überzeugt, ein Mehr an Klarheit in sein Leben gebracht zu haben, konnte Schönberg den Sommerurlaub (von Juli bis August) vollen Herzens genießen. In Carlshagen auf der pommerschen Insel Usedom gab er sich den Freuden des Wellenbadens hin. Hier fand er die Ruhe, die angestaute Korrespondenz zu erledigen (etwa an Busoni und Hertzka) oder Freunde zu empfangen (so Heinrich Jalowetz, Stein und Zemlinsky). Zudem beschäftigte er sich wieder einmal mit einer Erfindung (einem Vervielfältigungsverfahren für Noten und Zeichnungen). Auch las er die ›Gurrelieder‹ Korrektur. Und schließlich besuchte er eine Aufführung von Leo Falls Erfolgsoperette ›Die Dollarprinzessin‹ – im unweit gelegenen Stettin, an dessen Theater Webern seit kurzem als Kapellmeister wirkte.

Durch Meer und Muse erfrischt, konnte Schönberg der kommenden Konzertsaison gelassen entgegensehen. Sie begann für ihn Mitte August, gleich nach dem Urlaub, als die am Ende 25 Einzelsitzungen umfassende Probenphase zur Uraufführung des ›Pierrot lunaire‹ anlief. Der Marathon forderte den Interpreten (zu ihnen zählten neben Albertine Zehme auch Eduard Steuermann) ein Höchstmaß an Disziplin und Geduld ab, vor allem, weil ihnen die teilweise ungewohnte Rhythmik Probleme bereitete. Dann aber, am 9. Oktober 1912, durfte Emil Gutmann,

Die in der Sprechstimme durch Noten angegebene Melodie ist (bis auf einzelne besonders bezeichnete Ausnahmen) nicht zum Singen bestimmt. Der Ausführende hat die Aufgabe, sie unter guter Berücksichtigung der vorgezeichneten Tonhöhen in eine *Sprechmelodie* umzuwandeln. [...] Niemals haben die Ausführenden hier die Aufgabe, aus dem Sinn der Worte die Stimmung und den Charakter der einzelnen Stücke zu gestalten, sondern stets lediglich aus der Musik. Soweit dem Autor die tonmalerische Darstellung der im Text gegebenen Vorgänge und Gefühle wichtig war,

dessen Konzertdirektion die Promotion der Veranstaltung übernommen hatte, ausgewählte Gäste (so Bergs Schwester Smaragda oder Max Marschalk, den Kritiker der ›Vossischen Zeitung‹) einladen: zur Generalprobe in den Choralion-Saal an der Bellevuestraße. Hier bot sich den Besuchern (ebenso wie eine Woche später bei der Uraufführung) ein seltsames Bild: Die Rezitatorin trat im Kostüm eines Pierrot auf, während Komponist und Ensemble hinter einem Wandschirm agierten – als wünschten sie zu verkünden, daß der schlafwandlerisch-träumende Clown der realen Welt entrückt sei. Der Aufwand an Ausstattung und Proben sollte sich allerdings lohnen. Denn das ›Pierrot‹-Ensemble fesselte nicht nur das Berliner Publikum, wie Webern am 19. Oktober in einem Brief an Berg berichtete, sondern es begab sich auch auf eine mehrwöchige, vielbeachtete Tournee. So gastierte es, unter Leitung des Komponisten, zunächst in Hamburg, Dresden, Breslau und Wien, dann – unter der Stabführung des einundzwanzigjährigen Hermann Scherchen, der Schönberg schon bei den Vorbereitungen der Uraufführung assistiert hatte – in Danzig, München, Stuttgart, Karlsruhe, Mannheim, Frankfurt am Main und Graz.

Kaum von der ›Pierrot‹-Tournee zurückgekehrt, hieß es sogleich wieder Kofferpacken, galt es auf nach Holland. Denn Schönberg hatte sich verpflichtet, am 30. November in Amsterdam ›Pelleas und Melisande‹ zu dirigieren. Wenn dieser Auftritt auch Kraft kostete und ihn vom Komponieren abhielt, so brachte er doch ideellen Mehrwert ein: die gute Resonanz beim Publikum, die Erfahrung und Ehre, mit dem hochklassigen Orchester des Concertgebouw gearbeitet zu haben, und die zukunftsträchtige Bekanntschaft mit dessen Leiter, Willem Mengelberg, der wie sein Gastdirigent zu den wichtigsten Wegbereitern Mahlers gehörte.

findet sie sich ohnedies in der Musik. Wo der Ausführende sie vermißt, verzichte er darauf, etwas zu geben, was der Autor nicht gewollt hat. Er würde hier nicht geben, sondern nehmen.
Aus ›Pierrot lunaire op. 21‹, Vorwort zur gedruckten Fassung, 1914

Aus den Niederlanden zurück, ging es dann nach Rußland. Am 21. Dezember sollte Schönberg in St. Petersburg ›Pelleas und Melisande‹ dirigieren. Auch dieser Auftritt kostete Kraft, hielt ihn erneut vom Komponieren ab, trug aber ebenso Gewinn ein: die überraschende Erkenntnis, in St. Petersburg schon bekannt zu sein (im Vorjahr hatte Sergej Prokofiew dort die ›Drei Klavierstücke op. 11‹ aufgeführt), die erfreulichen Reaktionen des Auditoriums, die Annehmlichkeit, mit einem wandlungsfähigen, verständnisvollen Orchester kooperieren zu können, sowie die vielversprechende Bekanntschaft zu dessen Leiter, dem ukrainischen Tschaikowsky-Schüler Alexander Siloti.

Dieser Art Rückenwind, aber auch Gegenwind (etwa aus der Richtung Leopold Schmidts) hatten das Jahr 1912 durchzogen. Konträre Luftströmungen sollten ebenfalls anno 1913 dominieren; bald vorantreiben, durch ihre Thermik beflügelnd; bald eisig ins Angesicht wehend, lähmend.

Die ersten Monate des Jahrs standen für Schönberg voll im Zeichen der ›Gurrelieder‹. Zwar war er sich bewußt, das Komponieren weiterhin vernachlässigen zu müssen, sich für ein Werk zu engagieren, das seinen aktuellen Schaffensstand längst nicht mehr repräsentierte, aber er hoffte verständlicherweise, ein größeres Publikum zu erreichen, weil das Idiom der spätromantischen ›Gurrelieder‹ dem Auditorium bestens vertraut

37 Arnold Schönberg in St. Petersburg: »im Pelz von Siloti«, Foto, 1912

Mit meinem Komponieren ist es für die nächsten 4 Monate aus, denn der »Betrieb« hat mich erfaßt. Ich bin ins Rad gekommen: Ich muß daran arbeiten, endlich eine Aufführung meiner vor 12 Jahren komponierten *Gurrelieder* (nach Jacobsen) zu erzielen […]

war, sie allein durch ihren gigantischen Klangapparat schon
zu imponieren vermochten.

Als die Uraufführung am 23. Februar 1913 im Großen Saal des
Wiener Musikvereins vonstatten ging (unter der Leitung Franz
Schrekers wirkten sechs Solisten mit, zudem ein 600 Personen
starker Chor und ein Orchester von 150 Mann), schien das Kalkül aufgegangen zu sein, hatte Schönbergs Musik die Hörer
emotional überwältigt. Das »jubelnde Rufen«, notierte der
Schriftsteller Richard Specht in der Berliner Zeitschrift ›März‹,
»das schon nach dem ersten Teil losbrach, stieg zum Tumult
nach dem dritten […]. Und als dann der machtvoll aufbrausende
Sonnenaufgangsgruß des Chors vorüber war, in dem die Harmonik des Beginns, ja das dort wie vorahnend vorübergehende
Ges-Dur […] in solch erlöstem, prunkvollem Glanz wiederkehrt, kannte das Jauchzen keine Grenzen mehr; mit tränennas-
sen Gesichtern wurde dem Tondichter ein Dank entgegenge-
rufen, der wärmer und eindringlicher klang, als es sonst bei
einem ›Erfolg‹ zu sein pflegt: er klang wie eine Abbitte.«

Wie immens Schönbergs Triumph auch war, so konnte er
doch durch die Anteilnahme der Schüler-Freunde noch verfei-
nert werden. Berg setzte sich für die ›Gurrelieder‹ ein, indem
er einen Klavierauszug der umfangreichen Partitur anfertigte
und einen Führer durch das Werk verfaßte, der zugleich als
Programmheft der Uraufführung diente (beide Arbeiten publizierte die Universal Edition). Und Webern sandte dem Lehrer einen gleichermaßen gerührten wie anrührenden Brief:
»Liebster Freund«, begann er sein Schreiben vom 24. Februar
1913, »wie schön war das gestern! Welch ein Moment meines
Lebens! Unvergeßlich! Ich kann es nicht sagen, welchen uner-
meßlichen Eindruck Dein überherrliches Werk auf mich gemacht hat. Immerfort klingt in mir diese unbeschreiblich schöne Musik. […] Daß ich den Augenblick erleben durfte, da die

Da gibt es Briefe zu schreiben, Verhandlungen, Wege und alle die anderen ekelhaften Dinge. Und dabei weiß ich noch nicht, ob es mir gelingen
wird, genug Geldleute zu finden, die der Sache, die 12000 Mark kostet,
auf die Beine helfen. Ich muß das aber tun, denn dieses Werk wird meinen anderen Werken Eingang verschaffen selbst bei jenen, die sich jetzt
noch ganz ablehnend gegen mich verhalten.

An Richard Dehmel, 12. Januar 1913

Mitmenschen schrankenlos vielleicht zum erstenmale so Deine Größe begriffen!«

Bei den Vorbereitungen für das nächste Konzert, das rund vier Wochen nach der Sensation der ›Gurrelieder‹ gegeben werden sollte (und am gleichen Ort wie diese), mag der es dirigierende Schönberg den Wunsch gehegt haben, Dank zu sagen: für die Sympathien des Publikums, für das Engagement seiner Kombattanten und Förderer. Immerhin konnte er ein hochaktuelles Programm vorlegen, das auf sein Betreiben hin – im Widerspruch zu den Wünschen des Veranstalters, des ›Akademischen Verbands für Literatur und Musik in Wien‹ – nicht nur eigene Werke beinhaltete, sondern auch zur Uraufführung anstehende Kompositionen von Webern (›Sechs Orchesterstücke op. 6‹), Zemlinsky (vier der ›Sechs Orchesterlieder op. 13‹ nach Maeterlinck), Berg (zwei der ›Fünf Orchesterlieder op. 6‹ nach Ansichtskarten-Texten von Peter Altenberg) und Mahler (›Kindertotenlieder‹). Als aber das Konzert am 31. März realisiert wurde, erfüllte sich die Hoffnung nicht, kam es zu einem der spektakulärsten Kulturskandale, die Wien je erlebt hatte: zu einer Saalschlacht, bei der selbst der Einhalt gebietende Polizeioberkommissär sich keinen Respekt mehr verschaffen konnte, bei der sogar Bessie Loos, die Frau des Architekten (»ein ganzer Kerl«, so ihr Mann) sich prügelnd auf die Ruhestörer stürzte.

Im Gegensatz zu Berg, dem das Fiasko eine tiefe Krise bescherte, überstand Schönberg die Publikumsbeschimpfung anscheinend ohne nennenswerte Folgen. Ja, es gelang ihm, der Öffentlichkeit das Bild eines Unverwundbaren zu vermitteln, der die heftige Niederlage leicht verkraftet hatte. So schrieb er wenige Monate nach dem Ereignis einen Brief, in dem er, soeben als erster Stipendiat der Gustav-Mahler-Stiftung ausgezeichnet, voller Stolz und Selbstbewußtsein über Erreichtes wie

Dieses Werk [›Gurrelieder‹] ist der Schlüssel zu meiner ganzen Entwicklung. Es zeigt mich von Seiten, von denen ich mich später nicht mehr zeige oder doch auf einer andern Basis. Es erklärt, wie alles später so kommen mußte, und das ist für das Werk enorm wichtig: daß man den Menschen und seine Entwicklung von hier aus verfolgen kann.

An Emil Hertzka, 19. August 1912

Geplantes berichtete. Seine Werke, verkündete er Alma Mahler, der Adressatin, am 11. November 1913, würden in nächster Zeit 27 Aufführungen erleben; in Leipzig werde Arthur Nikisch die ›Kammersymphonie op. 9‹ dirigieren; am gleichen Ort käme es zu einer weiteren Darbietung der ›Gurrelieder‹; in Leipzig, Den Haag, Amsterdam, Berlin, Mannheim, London und den Vereinigten Staaten würde das Flonzaley-Quartett mit dem ›Streichquartett op. 7‹ gastieren – und er, er wolle jetzt Honoré de Balzacs Erzählung ›Séraphita‹ »als Theaterstück komponieren. Kennen Sie das? Es ist eines der herrlichsten Bücher, die es gibt. Das ist eine Arbeit für einige Jahre und wird ein eigenes Theater nötig haben. Ich brauche für die ›Himmelfahrt‹ allein einen Chor von wenigstens zweitausend Sängern.« Die von Schönberg eingenommene, wagnersche Pose schien jedoch nur Selbstzweck gewesen zu sein, dem Trommeln vergleichbar, mit dem sich Fürchtende nächtens ermutigen. Denn in einem seinerzeit entstandenen, erst postum veröffentlichten Fragment (›Entwurf einer Polemik gegen einen »Fackel«-Artikel‹) ließ der Komponist seine Achillesferse uneingeschränkt erkennen: Selbst »auf die Gefahr hin, meinen Feinden eine Freude zu bereiten, muß ich gestehen, daß ich mich über jede Infamie der Kritik, über jeden Tadel, über jeden Angriff aufs heftigste ärgere. Auch wenn ich lache. Dann lache ich aus Wut. Deshalb halte ich es für unaufrichtig, mich nicht ausführlich zu wehren, wenn ich Gelegenheit dazu habe.«

Des Komponisten privat reklamierte Wehrhaftigkeit sollte sich bald mit einer staatlich sanktionierten verbünden: Am 28. Juli 1914 erfolgte die österreichisch-ungarische Kriegserklärung, am 1. August begann die deutsche Mobilmachung. Das erste europäische Völkermorden des 20. Jahrhunderts hatte begonnen.

Schönberg schmerzte es nun außerordentlich, bei einer ersten Musterung (Frühjahr 1915) für untauglich befunden wor-

Jede Welt hatte ein Zentrum, zu dem alle Punkte ihres Kreises hinstrebten. Diese Welten waren selber Punkte, die zum Zentrum ihrer Gattung hinstrebten. Jede Gattung hatte ihr Zentrum nach den großen himmlischen Regionen hin, die sie mit dem unversiegbaren und flammenden *Motor allen Daseins* verbanden. So war alles – von der größten bis zur kleinsten der Welten und von der kleinsten der Welten bis zum kleinsten Teilchen der Teile, aus denen sie sich zusammensetzte – für sich bestehend, und dennoch war alles eins.
Aus Honoré de Balzac, ›Séraphita‹, 1910

den zu sein, vorerst nicht Soldat werden zu dürfen. »Diese Zeit«, hatte er bereits am 28. August gegenüber Alma Mahler geklagt, »so herrlich und groß sie in einer Hinsicht ist, zwingt mich in eine Rolle, die ich nur schwer ertragen kann.«

Nannte Schönberg deshalb die englische, französische oder russische Musik eine a priori erfolgte »Kriegserklärung«? Interpretierte er deshalb die Fehden gegen seine persönlichen Widersacher um, diese Kämpfe mit realen Gefechten vergleichend? Sprach er deshalb am 7. Mai 1915 in einem Brief an Alma Mahler von seinen »20 Kriegsjahren«, in denen er sich die Furcht vor falscher Rücksichtnahme abgewöhnt habe? Oder war er nur einer jener Intellektuellen, die, wie der junge Bertolt Brecht, dem Irrglauben an einen wahrhaftigen Krieg aufgesessen sind?

In der Tat haftete der Beurteilung Schönbergs, seiner Einschätzung der militanten Geschehnisse etwas Irrationales an. Einerseits distanzierte er sich auf selbstironische oder kritische Art von den Ereignissen. Etwa indem er unter dem Titel ›Meine Kriegspsychose und die der anderen (1914)‹ eine Mappe mit eigenen Notizen und diversen Zeitungsartikeln über das Geschehen an der Front zusammenstellte. Oder indem er eine Wehrübung, an der er nach seiner schließlich doch noch erfolgten Einberufung (Herbst 1915) teilnehmen mußte, bissig kommentierte: Auf die Frage eines Kameraden, weshalb er denn seine Handschuhe ausziehe, bevor er beim Kommando »Nieder!« auf den Boden gehe, antwortete Schönberg, die Handschuhe würden ihm gehören, seine Haut aber dem Kaiser, da werde er doch nicht dem Kaiser sparen helfen, indem er dessen Haut schone, die eigenen Handschuhe aber ruiniere. Andererseits nahm der Komponist seine soldatischen Pflichten sehr ernst, fühlte er sich als »ergebener Patriot«, der seine genuinen Fähigkeiten bereitwillig in den Dienst der Sache stellte, einen Militärmarsch für Sinfonieorchester bearbeitete oder einen sol-

Viele Menschen werden, wie ich, heute, da endlich der Glaube an höhere Mächte und auch an Gott wiederkehrt, vom Himmel die Kriegsereignisse abzulesen versucht haben. Leider kommt mir erst jetzt der Gedanke, meine Eindrücke zu notieren. Ich will das aber von jetzt an tun und hoffe, wenn genauere Berichte vorliegen werden, einige Übereinstimmungen zu finden, da eine Anzahl von den bisherigen kriegerischen Ereignissen mir durch die »Stimmung« des Himmels vorausahnbar waren. So ist mir wiederholt das »goldige Glänzen«, der »Siegeswind«, ein »tiefblauer Himmel«,

chen für einen geselligen Abend im Casino selbst komponierte: ›Die eiserne Brigade‹, ein potpourriartig angelegtes Werk, das indes so gar nicht ehern klingt, sondern den Charme des Kaffeehauses sprüht.

Irrationales spiegelt sich auch in jenen Aufzeichnungen Schönbergs wider, die er im Herbst 1914 unter der Überschrift ›Kriegswolkentagebuch‹ niederlegte: Himmelsbeobachtungen, von denen er sich Aussagen über den Verlauf des Kriegs erhoffte: »Zu erwähnen ist hier auch der 2 Tage dauernde Sturm, der sich mit dem Rückzug des deutschen rechten Flügels deckte.«

Die Zahlen und Fakten, die Schönbergs Soldateska begleiteten, lesen sich allerdings eher nüchtern. Anfang September 1915 beendete der Komponist, da er die Einberufung heranrücken sah, seine zweite Berliner Episode und kehrte nach Wien zurück: konkret in den noblen, hinter dem Schönbrunner Schloßgarten gelegenen 13. Bezirk Hietzing, in die Gloriettegasse 43, in der ihm von einer reichen Freundin Alma Mahlers eine Wohnung angeboten worden war. Nach einer zweiten, seinem Rekrutierungswunsch entsprechenden Musterung erhielt der Einundvierzigjährige am 18. November die Einberufung. Drei Tage später legte er ein (neues) Testament nieder, in dem er seine Frau zur Alleinerbin bestimmte, an seine Freunde (Berg, Jalowetz, Stein, Steuermann, Webern, Zemlinsky sowie Marie Pappenheim) die Bitte richtete, Mathilde bei der Sicherung seines künstlerischen Vermächtnisses beizustehen. Am 15. Dezember rückte Schönberg beim Wiener Hoch- und Deutschmeister-Regiment ein, um Anfang 1916 zur weiteren Ausbildung an die Reserveoffiziersschule von Bruck an der Leitha versetzt zu werden. Simultan zu diesen Vorgängen wandte sich das Präsidium der Allgemeinen Kunstfürsorge von Wien (vertreten durch Julius Bittner, Ferdinand Löwe und Freiherr Max Vladimir von Beck) an das Königlich ungarische Mini-

»blutige Wolken« (bei Sonnenuntergang) aufgefallen, die stets siegreichen deutschen Ereignissen vorausgingen.

Aus ›Kriegswolkentagebuch 1914‹, 24. September 1914

Der ehrliche Finder
So oft ich beim Militär nach meinem Civilberuf gefragt wurde, antwortete ich: »Komponist« mit solcher Beschämung, nicht als ob ich etwas gefunden, sondern als ob ich etwas gestohlen hätte.

Arnold Schönberg, 1916

sterium für Landesverteidigung: mit dem Gesuch, den dort registrierten Komponisten des Kriegsdiensts zu entheben. Nach anfänglichen Widerständen wurde dem Antrag Mitte Oktober stattgegeben, zur Verwunderung Schönbergs, der von den diplomatischen Bemühungen um sein Wohlergehen nichts ahnte, ihnen andernfalls wohl auch Einhalt geboten hätte: »Lieber Alex«, teilte er am 20. des Monats dem Schwager mit, »ganz überraschend kam heute meine Enthebung ›auf unbestimmte Zeit‹. Heute abend bin ich schon in Zivil. Ganz ungewohnt natürlich!«

Im April 1917 erklärten die Vereinigten Staaten von Amerika Deutschland und Österreich-Ungarn den Krieg – mit der Folge, daß Schönberg der verschärften Lage wegen im September des Jahrs zum zweiten Mal einberufen wurde. Spätestens jetzt müssen sich die Ansichten des Komponisten über das Soldatenleben geändert haben. Er wußte nun, daß er den Auseinandersetzungen um sein Werk nicht entfliehen konnte, indem er den ihm eigenen Schauplatz aufs Schlachtfeld verlegte, und daß es aussichtslos war, im Krieg seinen persönlichen Frieden zu finden.

Hatte Schönberg wegen dieser Hoffnungslosigkeit nicht schon vor Jahr und Tag begehrt, Karl Kraus wiederzusehen, der gerade den Prolog zu dem apokalyptischen Schauspiel ›Die letzten Tage der Menschheit‹ hinausgeschleudert hatte? »*Ich dürste*«, schrieb er ihm am 14. November 1916, »*nach einer Aussprache mit Ihnen. In der Zeit unerträglicher Depressionen, seit Kriegsbeginn, war mir Ihr Wort oft ein Trost.*« Oder war der Komponist nur ermattet, weil er und seine Familie kriegsbedingte Entbehrungen, Hunger und Kälte, hinzunehmen hatten? Entbehrungen, zu denen sich im Herbst 1917 noch die kurzfristige Kündigung seiner Wohnung gesellte und die damit verbundene Notwendigkeit, ein provisorisches Quartier zu beziehen: im 3. Bezirk Wiens, Landstraße mit Namen, Rechte Bahngasse 10.

Wundert es Dich, daß […] ich gerne noch ein wenig Ruhe hätte (das einzige Gute, das mir der Krieg gebracht hat: ich werde nicht angegriffen), daß ich meinen Frieden, solange der Krieg dauert, noch ein wenig genießen möchte.
An Zemlinsky, 9. Oktober 1915

Unbestreitbar ist, daß er, der oftmals so streng Wirkende, in einem seinerzeit entstandenen Portrait Egon Schieles ungemein weiche Züge annahm, daß dieser Menschenmaler und Seelentaucher in Schönberg einen Moment kaum jemals wieder freigelegter Zartheit aufdeckte. Unleugbar ist auch, daß Schönberg die Tatsache schmerzte, infolge der erneuten Einberufung abermals nicht komponieren zu können. »Werde ich nicht plötzlich wieder zum Militär müssen?« Diese ebenso berechtigte wie bange Frage war von ihm bereits am 14. Juli 1917 in einem Brief an Alma Mahler gestellt worden.

Die an jenem Tag geäußerte Sorge besaß einen konkreten Hintergrund: Wenige Wochen zuvor hatte der Komponist seine umfangreiche Dichtung ›Die Jakobsleiter‹ vollenden können, ein Projekt, das ihn seit Januar 1915 in Anspruch nahm. Sie sollte ursprünglich einen sinfonischen Satz grundieren: das Finale einer umfangreichen (einen weiteren Text Schönbergs, den ›Totentanz der Prinzipien‹, einschließenden) Bekenntnismusik, deren Konzeption deutlich von Beethovens neunter und Mahlers achter Sinfonie geprägt war. Im Sommer 1917 hatte sich der Autor von diesem Gedanken allerdings schon wieder distanziert. Nun begünstigte er den in kürzerer Zeit realisierbaren Plan, die ›Jakobsleiter‹ als eigenständiges Oratorium zu vertonen. Weil es ihn zum Bekenntnis drängte. Weil er von der Idee okkupiert war (und diese schon 1912 kundgetan hatte, nämlich am 13. Dezember in einem Brief an Richard Dehmel), mittels eines Oratoriums darzulegen, »wie

38 Portrait Schönbergs von Egon Schiele, 1917

sich der Mensch von heute, der durch den Materialismus, Sozialismus, Anarchie durchgegangen ist […], wie dieser moderne Mensch mit Gott streitet […] und schließlich dazu gelangt, Gott zu finden und religiös zu werden. Beten zu lernen!
[…] Und vor allem: die Sprachweise, die Denkweise, die Aus-
drucksweise des Menschen von heute sollte es sein: die Probleme, die uns bedrängen, sollte es behandeln.« Die moderne
»Sprachweise« traf Schönberg, indem er sich zwar von mehr
oder weniger historischen Leitbildern anregen ließ (vom Alten
Testament, von Emanuel von Swedenborg und dessen theo-
sophischen Schriften oder von Honoré de Balzac und der Erzählung ›Séraphita‹), aber extrem knapp formulierte, alles
Dekorative oder vordergründig Wohlklingende mied und auf
die absolute Klarheit der Aussage zielte. Für die Imagination
des Himmels allerdings, in den der »moderne Mensch« nur
gelangen konnte, wenn er eine Reihe von Metamorphosen
durchlief, hatte der Komponist ein musikalisches Äquivalent
gefunden, das mit Fug und Recht genial genannt werden darf.
Um die himmlische Enthierarchisierung von Unten und Oben
in den Klangraum zu transformieren, um akustisch zu ver-
deutlichen, wie im Reich der Engel die Einzelheiten zwar für
sich bestehen, sie aber dennoch eins sind, bediente sich Schönberg gleich zu Beginn der ›Jakobsleiter‹ einer das gesamte
Werk determinierenden Sechstonreihe (Cis-D-E-F-G-As), die
sich in einer Vielzahl von Variationen nicht nur linear, sondern auch vertikal entfaltet – einer Sechstonreihe, die überdies mehrfach zum chromatischen Total ergänzt wird, so als
ob ihr Erfinder schon hier eine Vision seiner späteren Zwölftontechnik gehabt hätte.

Wen wundert's, daß Schönberg – sich der Qualität seines
kompositorischen Ansatzes bewußt – förmlich darauf brannte,
die ›Jakobsleiter‹ möglichst zügig zu vertonen. Daß er sich von

Obwohl ich nun schon zwei Wochen enthoben bin, bin ich noch nicht
zum Weiterarbeiten an der *Jakobsleiter* gelangt. Ich muß erst wieder, so wie
das erstemal, »Sitzfleisch« bekommen, was man beim Militär, bei dem ta-
gelangen »Umanandersteh'n« vollkommen verliert.

An Zemlinsky, 20. Dezember 1917

seinem eigenen Wort, der vielzitierten Anfangsrede des Erzengels Gabriel gleichsam beflügeln ließ: »Ob rechts, ob links, vorwärts oder rückwärts, bergauf oder bergab – man hat weiterzugehen, ohne zu fragen, was vor oder hinter einem liegt.«

So mußte die zweite (am 19. September 1917 wirksam werdende) Einberufung dem Komponisten als Absturz erscheinen, der seinen Höhenflug jäh beendete. Zwar wurde Schönberg bereits am 5. Dezember freigestellt, aber die mehrwöchige Zwangspause hatte ihn längst aus der Bahn geworfen. Obwohl er jetzt seine ganze Kraft für die Vollendung des Oratoriums einsetzte, blieb es letztlich Fragment. Erst in den fünfziger Jahren sollte der Schönberg-Schüler Winfried Zillig den wertvollen Torso in eine praktikable Partitur verwandeln können.

Während der Komponist heftig mit der Materie der ›Jakobsleiter‹ rang, hatte er in anderen Fällen durchaus Fortune: etwa mit dem am 1. September 1917 ins Leben gerufenen »Seminar für Komposition«, das in den Räumlichkeiten der Schwarzwaldschen Schulen stattfand und sich bald regen Zulaufs erfreute; oder mit der Mahler-Stiftung, die ihn im Frühjahr 1918 ein weiteres Mal mit einem Stipendium auszeichnete; vor allem aber mit dem Anfang 1918 erfolgten Umzug nach Mödling, Bernhardgasse 6, in eine ruhige, konzentrierter Arbeit zuträgliche Wohnung, in der er ein neues Kapitel der Musikgeschichte aufschlagen sollte.

39 Schönberg als Soldat, Foto, 1917

Nur der Tod verdränget
So viele Schriften, so viele Gesichter

Zu einer Zeit, da man das Ende des Kriegs absehen konnte, in einem Jahr, als das Habsburger Reich seiner Auflösung entgegendämmerte, etablierte Schönberg sein »Seminar für Komposition«, dem innerhalb kürzester Frist Dutzende von Schülern beitraten – eine auf den ersten Blick merkwürdige Koinzidenz. Liest man indes den zur Gründung aufrufenden Text auch nur oberflächlich, wird schlagartig klar, weshalb der Pädagoge solchen Zuspruch fand: Der Umgang von Lehrer und Schülern solle gleichermaßen beständig wie zwanglos sein, heißt es dort; oder die Lernenden mögen doch nur kommen, wenn sie Lust hätten und »gerade nur ebensolang bleiben«. Denn es gäbe in der Kunst nur einen Lehrmeister, die Neigung.

Wenn man die literarischen Schilderungen des damaligen Schulmilieus Revue passieren läßt, Stefan Zweigs ›Welt von Gestern‹, Robert Musils ›Törleß‹ oder Friedrich Torbergs ›Gerber‹, gelangt man unweigerlich zu der Ansicht, daß Schönberg, der Lehrer, den jungen Leuten wie ein Rufer in der Wüste vorgekommen sein muß: wie einer, der ihnen (dem Erzengel Gabriel der ›Jakobsleiter‹ gleich) zu einer höheren Stufe des Bewußtseins verhelfen wollte, ohne einzuengen oder zu knebeln; der die Sinnfrage, die sich damals eindringlich stellte (etwa

Das Lehren und Lernen nach dem Büchel will ich vermeiden. Das »Kapitellesen« seitens Schüler und Lehrer ist nichts wert. Der Schüler bekommt beim starren Lehrplan meist nur zu hören, was ihn garnicht [sic!] interessiert. Darum habe ich meinen Lehrkursen, die ich »Seminar für Komposition« nenne, ein vollkommen neues, freies System zugrunde gelegt: Eine bestimmte Tageszeit gehört ganz allen meinen Schülern zugleich. Jeder Schüler kommt dann, wenn er lernen will, wenn er dies oder jenes zu wissen begierig ist. Der Gegenstand der Lektion ist nicht festgelegt, sondern dem freien Bestimmen des Schülers unterstellt. Also niemals hübsch der Reihe nach: Harmonielehre, Kontrapunkt, Instrumentationslehre …, sondern alles ganz nach freier Wahl. – Der nähere Lehrgang ist dabei folgender: Ich und meine Schüler treffen im Lehrzimmer möglichst zwanglos zusammen. Und nun fragt einer dies und jenes, und ich antworte, dem Umfang der Frage entsprechend, vielleicht auch darüber hinaus; je

im Hinblick auf das Gemetzel bei Verdun), zu beantworten in der Lage war; wie einer, der den Weg kannte: ob »rechts, ob links, vorwärts oder rückwärts, bergauf oder bergab«.

Zu jenen, die am »Seminar für Komposition« teilnehmen durften, gehörte Erwin Ratz, der spätere Herausgeber der Gustav-Mahler-Edition. Wie die meisten seiner Mitschüler war er für Schönbergs Lotsendienste (die vitalen wie musikalischen) außerordentlich dankbar. Und er bemühte sich stets, das gegenüber dem Lehrer Empfundene in tätige Sympathie umzusetzen. So initiierte er im Frühjahr 1918 »Zehn öffentliche Proben zur Kammersymphonie [op. 9]«, die unter der Leitung des Komponisten im Kleinen Saal des Musikvereins stattfanden. Ziel der Aktion sollte es sein, den Hörern die Möglichkeit zu verschaffen, sich intensiv mit einem aktuellen Werk zu beschäftigen: ihnen durch die vielfache Wiederholung und Erläuterung einzelner Passagen das Erfassen der musikalischen Gedanken zu erleichtern. »Die Leute glauben immer, wenn etwas recht unklar klingt, dann ist es der richtige Schönberg«, schrieb der Komponist am 19. Mai 1918 in einem Brief an Alma Mahler. Er aber, er möchte deutlich verstanden werden: »Das wird diesmal hoffentlich gelingen. Und dann werden die Verständigen sehen, daß das eine sehr einfache klare Musik ist; nicht verschwommen!« Schon wenige Wochen später sah sich die Hoffnung des Briefschreibers voll erfüllt. Nach den letzten der Proben brach das Publikum in Jubel aus, kam Alban Berg ins Schwärmen (»Es ging prachtvoll! Überdeutlich!« berichtete er seiner Frau am 13. Juni) – und Schönberg unerwartet zu Geld. Denn bei Abschluß der Probenreihe wurde ihm ein Couvert mit 10 000 Kronen zugesteckt, eine Summe, die einem satten Monatsgehalt gleichkam: gespendet von einem anonymen Finanzier, der auf dem Umschlag lediglich den Vermerk »Dem großen Künstler. Ein Verehrer. Ein Jude« angebracht hatte. Der seltene,

nachdem ob ich das für den Fragesteller für gut halte oder nicht. Vielleicht antworte ich auch garnicht [sic!], weil ich im Augenblick zu dem betreffenden Gegenstand keine Neigung habe; und vielleicht schicke ich dann und wann die erschienenen Schüler überhaupt nach Hause, weil ich den Tag für den Unterricht gerade nicht disponiert bin und als Lehrer nur wenig oder garnichts [sic!] bieten könnte.

Aus einem Interview mit dem ›Neuen Wiener Journal‹,
18. September 1917

weil uneingeschränkte Erfolg wollte gefeiert sein. Am 23. Juni
gönnten Schönberg, Berg, Anton Webern sowie Eduard Steuermann sich zunächst eine »Jause«, um anschließend, weil man
in der Mödlinger Wohnung auf zwei Klavieren musizieren
mochte, das Instrument Trudes ins Arbeitszimmer ihres Vaters
zu schaffen. »Der Transport und der Rücktransport«, erinnerte sich Berg, »gaben zu vielen drolligen und lustigen Szenen
Anlaß! Gegen Abend verzog sich alles, ich blieb – von Schönberg aufgefordert – allein zum Nachtmahl [...], bei dem mir
Schönberg [...] das Du-Wort antrug.«

Die begeisterten Reaktionen (sowohl auf die »Zehn öffentlichen Proben« als auch auf das »Seminar für Komposition«)
führten zum Gedankenaustausch über eine Veranstaltungs-
form, die Momente des Konzerts mit pädagogischen Aspekten
vereinen sollte: zu Überlegungen, die nicht theoretisch blieben,
sondern Mitte November 1918 in die Institutionalisierung einer
Zweckgemeinschaft mündeten, des relativ kurzlebigen (bis
Ende 1921 bestehenden), aber singulären Wiener »Vereins für
musikalische Privataufführungen«.

Die Prinzipien der gleichermaßen straff wie mit hohem ad-
ministrativen Aufwand geleiteten Organisation legte Berg (zusammen mit Webern ihr Vortragsmeister, während Schönberg
als Präsident fungierte) 1919 in einem Prospekt dar. Oberstes
Ziel sei es, so formulierte er, den Kunstfreunden »eine wirkliche
und genaue Kenntnis moderner Musik zu verschaffen«; ergo
handle es sich nicht um einen »Verein für die Komponisten«,
sondern um einen für die Konzertbesucher. Um dieser Maxime
zu entsprechen, solle bei »der Wahl der zur Aufführung ge-
langenden Werke [...] keine Stilart bevorzugt«, doch streng auf
das künstlerische Profil der avisierten Kompositionen geachtet
werden; höchster Wert würde ebenso der interpretatorischen
Qualität beigemessen; die »Einstudierung der Werke« erfolge

Der Unterricht bei Schönberg erweckte in mir den Wunsch, etwas zu tun,
was die Bedeutung Schönbergs einem größeren Kreis von Musikinteressier-
ten vor Augen führen sollte. Da ich rasch dem engeren Kreis um Schönberg
beigezogen wurde, kam ich eines Tages mit dem Vorschlag, öffentliche
Proben zu einem Werk Schönbergs zu veranstalten. Wir wählten hiezu [sic!]
die *Kammersymphonie op. 9*, und Schönberg erklärte sich bereit, zehn öffentliche Proben zu leiten. [...] In einem auf Büttenpapier gedruckten Prospekt wurde auf die Bedeutung des Werkes und insbesondere auf die Ge-

mit einer im aktuellen »Konzertleben nicht zu findenden Sorg-
falt und Gründlichkeit«, da man die Anzahl der Proben nicht
festlege, sich hingegen solange präpariere, bis die größtmögliche
»Deutlichkeit und Erfüllung aller aus dem Werke zu entneh-
menden Intentionen des Autors« erreicht seien. Um den Wahr-
nehmungsprozeß der Hörer zu erleichtern, werde überdies jede
Komposition nicht einmal, vielmehr »so oft in verschiedenen
Konzerten gebracht«, daß sie »verstanden werden kann, im allgemeinen zwei- bis viermal«. Weil man dem Kennenlernen der
Musik absolute Priorität einräume, seien die Aufführungen »in
jeder Hinsicht nicht öffentlich«: Sie dürften nur von Mitgliedern
des »Vereins« besucht werden, die sich außerdem aller »Bei-
falls-, Mißfalls- und Dankbezeugungen« enthalten müßten;
ebenfalls sei von der journalistischen Aufbereitung der Konzerte generell abzusehen.

Die von Berg umrissenen Ziele müssen den »Vereins«-Mit-
gliedern nicht nur hoch, sondern auch heilig erschienen sein.
Denn innerhalb von knapp vier Jahren veranstalteten sie mehr
als 120 Konzerte, die der proklamierten Stilvielfalt auf eindrucks-
volle Weise gerecht wurden. Neben Schönberg (etwa den ›Drei
Klavierstücken op. 11‹, den ›Sechs kleinen Klavierstücken op. 19‹,
dem ›Pierrot lunaire op. 21‹ oder einer Lesung der ›Jakobsleiter‹) erklang Max Reger (etwa die ›Violoncellosonate op. 118‹,
das ›Klarinettenquintett op. 146‹ oder die Klavierstücke ›Träume
am Kamin op. 143‹); neben Webern (etwa den ›Fünf Liedern
op. 3‹ oder den ›Vier Stücken für Geige und Klavier op. 7‹) kamen Béla Bartók, Claude Debussy, Maurice Ravel oder Alexander Skrjabin zu Gehör, neben Berg (etwa der ›Klaviersonate
op. 1‹ oder den ›Vier Liedern op. 2‹) Ferruccio Busoni, Igor
Strawinsky, Karol Szymanowski oder Joseph Marx (der sich
beim »Verein« bedankte, indem er später zum »Rechtsaußen«
der österreichischen Musik degenerierte).

legenheit hingewiesen, dieses in
allen Details in authentischer Interpretation kennenzulernen.
*Aus Erwin Ratz, ›Die zehn öffentli-
chen Proben zur Kammersymphonie
von Arnold Schönberg im Juni 1918
und der »Verein für musikalische
Privataufführungen«‹, 1974*

Der Oboist oder Hornist, der am
Abend ein Solo blasen wird, ist
ein Künstler, der in seinem Fach
unfehlbarer sein muß, als die meisten Hofräte in dem ihrigen.
Arnold Schönberg

Aber was sagt schon das Wort »veranstalten«? Um ihren Idealen zu entsprechen, beuteten die »Vereins«-Mitglieder, die fast alle in Personalunion auch »Seminaristen« waren, sich selbst aus: Ob sie nun Olga Novakovic, Paul Pisk oder Rudolf Serkin hießen, ob sie den Namen Felix Petyrek, Ernst Bachrich, Rudolf Kolisch, Erwin Stein oder Steuermann trugen, alle engagierten sich nach Kräften, nahmen extreme Probenzeiten auf sich, arbeiteten (aus Kostengründen) Orchesterwerke für kleinere Besetzungen um und leisteten bei Bedarf noch Handlanger- oder bürokratische Dienste.

Nur so ist es zu erklären, daß der »Verein« seine Hörer Woche für Woche mit Preziosen überraschen konnte: Etwa mit einem für den 23. Oktober 1920 anberaumten »Konzert zu Ehren Maurice Ravels«, bei dem der Komponist nicht nur anwesend war, sondern auch als Interpret seiner ›Valses nobles et sentimentales pour deux pianos à quatre mains‹ in Erscheinung trat, als Duopartner seines italienischen Kollegen Alfredo Casella. Oder mit einem am 27. Mai 1921 in der Schwarzwald-Schule gegebenen ›Walzerabend‹, für den das verantwortliche Triumvirat populäre Tänze von Johann Strauß bearbeitet hatte (Schönberg ›Rosen aus dem Süden op. 388‹ und den ›Lagunenwalzer op. 411‹, Berg ›Wein, Weib und Gesang op. 333‹ und Webern den ›Schatzwalzer‹ aus ›Der Zigeunerbaron‹ op. 418) – in der trügerischen Hoffnung, es könne durch die Versteigerung der autographen Arrangements die Fortsetzung der »musikalischen Privataufführungen« sichern.

Der anspruchsvolle künstlerische Level auf der einen Seite, für dessen Erhalt die Mitglieder sich quasi verzehren mußten, auf der anderen Seite aber auch die chronische Finanznot, die sich infolge der kriegsbedingten Geldentwertung rasant zuspitzte, führten am 5. Dezember 1921 zur Selbstauflösung des »Vereins«. Allerdings lebte er in einer von Alexander Zemlins-

40 Maurice Ravel (1875–1937). Portrait von Ludwig Nauer, um 1930

ky geleiteten Prager Dépendance weiter, die ihre Tätigkeit im Mai 1922 aufnahm, um sie zwei Jahre später mit einem Lieder- und Klavierabend zu beenden.

Die spezifische Struktur des »Vereins« hatte auch von seinem Präsidenten maximalen Einsatz verlangt. Einerseits schuf Schönberg für die Konzerte der Organisation zahlreiche Kammerfassungen (neben denen der Strauß-Walzer etwa die von Mahlers ›Lieder eines fahrenden Gesellen‹), andererseits trug er in aller Regel die Verantwortung für die jeweiligen Probenstaffeln: entweder persönlich oder durch eine Art von Endabnahme. Wenn er auswärtige Termine (wie Dirigierverpflichtungen) wahrnehmen mußte, ließ er sich durch Berg oder Webern vertreten. Aber selbst in diesen (zudem wenigen) Fällen wurde er brieflich bis ins kleinste Detail informiert oder um Rat gefragt, also sachlich und zeitlich beansprucht.

Ein aus dem Jahr 1919 stammendes Diagramm seiner Wochenstunden verrät, daß Schönberg den Donnerstag Nachmittag sowie den Samstag Vormittag für die »Privataufführungen« eingeplant hatte. Aber es dokumentiert auch, auf beinahe erschreckende Weise, daß der Komponist von einem äußerst engmaschigen Zeitraster dominiert wurde: Innerhalb der von Montag bis Samstag reichenden Arbeitswoche war nur der Mittwoch Nachmittag unverbucht, an allen anderen Vor- und Nachmittagen mußte Schönberg, wenn er sich nicht dem »Verein« widmete, Kompositionsunterricht geben. Mußte, weil die widrigen Daseinsbedingungen der Nachkriegszeit die ohnehin diffizile Existenz freischaffender Künstler drastisch erschwert hatten. »Arbeiten kann ich gar nicht«, beklagte sich Schönberg am 6. August 1919 bei Zemlinsky. »Ich kann den Kopf nicht frei bekommen. Sorgen um den Lebensunterhalt, um die politischen und Sicherheitzustände; außerdem gebe ich jetzt sogar in den Ferien noch immer 15 Stunden wöchentlich.«

Es war kein Platz mehr im Saal. Vollständig ausverkauft. Strawinsky war herrlich. Wunderbar sind diese Lieder [gemeint sind seine ›Berceuses de chat‹, vier Lieder für Gesang und drei Klarinetten‹]. Mir geht diese Musik ganz unglaublich nahe. Ich liebe sie ganz besonders. Etwas so unsäglich Rührendes wie diese Wiegenlieder. Wie diese 3 Klarinetten klingen!

Anton Webern über ein am 6. Juni 1919 gegebenes Konzert
des »Vereins für musikalische Privataufführungen«
(auf einer Karte vom 9. Juni 1919 an Alban Berg)

Daß der Komponist sich vom Strom der Gezeiten nicht in die Tiefe reißen ließ, er vielmehr in der Lage war, ungeachtet aller Klippen Inseln des Glücks anzusteuern oder mit ihm verbundenen Menschen einfach fröhlich zu sein, belegen Danksagungen, Widmungen oder sonstige Schreiben seiner Schüler: Dokumente, denen trotz ihres meist emphatischen Tonfalls ehrliche Bewegtheit entnommen werden kann. Zu den eindrucksvollsten Zeugnissen dieser Art gehörte ein Brief Hanns Eislers vom 13. April 1923, der Schönbergs Kurse seit 1919 besucht hatte – Zeilen, mit denen er sich für eine Reihe von Gunstbeweisen bedankte. Er, Eisler, wäre ja immer noch ein »Patzer«, ein »blutiger Anfänger«, wenn sich der »hochverehrte Meister« nicht seiner angenommen hätte.

Zu den (nur) temporären Inseln des Glücks gehörten auch jene drei Gastspiele, die Schönberg 1920 und 1921 in Holland absolvierte, Engagements, die einmal mehr der ihm freundschaftlich verbundene Willem Mengelberg in die Wege geleitet hatte. Das erste von ihnen kulminierte am 21. März 1920, als der Komponist mit dem Orchester des Amsterdamer Concertgebouw die Tondichtung ›Verklärte Nacht op. 4‹ sowie die zweite Nummer, ›Vergangenes‹, der ›Fünf Orchesterstücke op. 16‹ aufführte. Mußte man diesem Konzert schon eo ipso Hochrangigkeit bescheinigen, schätzte Schönberg an ihm weniger die Möglichkeit, sich selbst darzustellen, als vielmehr die

---

41 Hanns Eisler (1898–1962), Portrait von Bert Heller, 1958. »Dazu haben Sie sich immer um meine materielle Lage gekümmert, und ich werde nie vergessen, wie Sie mir in diesem furchtbaren Winter 1919–20 einen Verdienst verschafft haben (U. E.). Ich wäre ja sonst buchstäblich verhungert. […] *Ich verdanke Ihnen also* *alles* (vielleicht noch mehr als meinen armen Eltern) […] *Ich bitte Sie vielmals, die Widmung der Klaviersonate op. 1* [Schönberg hatte sich erfolgreich um die Drucklegung des Werks bei der Universal Edition bemüht] *anzunehmen*.« (Eisler an Schönberg, 13. April 1923)

42 In Zandvoort, Foto, 1920 ▶

Chance, Signale der Versöhnung und Völkerverständigung zu setzen. So bedankte er sich (in einem Brief vom 15. April 1920) bei Mengelberg für die empfangenen Liebenswürdigkeiten, die ihm wie eine Kriegsentschädigung vorgekommen seien und ihn vergessen ließen, daß »Jahre der Isolierung« hinter ihm lägen. Nur wenige Wochen später trat Schönberg die zweite der besagten Holland-Reisen an. Grund war nun das vom 19. bis 21. Mai in Amsterdam stattfindende Mahler-Fest, mit dem Mengelberg sein fünfundzwanzigjähriges Bühnenjubiläum begehen wollte. Dieses Mal fuhr der Komponist in Begleitung der Familie sowie von Webern und Egon Wellesz: nicht zuletzt, weil er die Absicht hatte, seine Schützlinge an der in den Niederlanden ungleich besseren Versorgungslage partizipieren zu lassen. War es solche Fürsorge, die einen Sinneswandel der gleichfalls in Amsterdam weilenden Alma Mahler bewirkte? Durften nun die letzten Ressentiments, die sie gegenüber Schönberg und seiner Frau hegte, als getilgt gelten? Jedenfalls beschenkte sie die beiden mit dem ehemännlichen Autograph des Rückert-Lieds ›Um Mitternacht‹ – eine Gabe, deren Rang sie mit einer bekenntnishaften Widmung unterstrich: »Verzeih mir – Arnold Schönberg, daß ich Dir nicht *immer tiefste* Gefolgschaft leistete, daß ich mich verwirren ließ und Deine Erscheinung nur in lichten Momenten *voll* erkannte. Verzeih mir – Mathilde, daß ich Deine Seele nicht immer geliebt habe – *so*, wie ich sie heute liebe –, und nehmt mich auf, *geliebte, teure* Menschen in Eure großen Herzen – so wie Ihr aus dem *meinen*

nicht mehr vertrieben werden könnt. Alma[,] Wien, 13. Juni 1920.«

Der dritte und längste der genannten Holland-Aufenthalte dauerte von Ende September 1920 bis März 1921. Wieder reiste Schönberg mit Familie und zwei Schülern an, nun aber mit Max Deutsch und Eisler. Sie sollten ihm bei den von Mengelberg erbetenen Kompositionskursen assistieren, zudem die Gelegenheit nutzen, ihre kriegsbeschädigte Gesundheit durch Klimawechsel und Meeresluft wiederherzustellen, weshalb man sich entschloß, im Nordseebad Zandvoort Quartier zu nehmen.

Das »Seminar«, der »Verein«, die Arbeitsbesuche in Holland und die mit ihnen einhergehenden Verpflichtungen: Hatten sie den Komponisten Schönberg in ein Abseits gedrängt? Können sie für die schöpferische Abstinenz jener Jahre allein verantwortlich gemacht werden? Oder basierte die scheinbare Enthaltsamkeit nicht auch auf der mentalen Belastung durch ein kompositorisches Problem, dessen Lösung jede weitere Produktivität erschwerte? Indiz für die zuletzt genannte These könnte sein, daß Schönberg Ende Juli 1921 seinem Schüler und späteren Kommentatoren Josef Rufer mitteilte, er habe »etwas gefunden, das der deutschen Musik die Vorherrschaft für die nächsten hundert Jahre« sichere. Ein in die gleiche Richtung weisendes Indiz wäre aber ebenfalls in der Tatsache zu sehen, daß Schönbergs Output nach jener Mitteilung wieder deutlich an Schwung gewann.

Die durch Rufer überlieferte, zwar vielfach zitierte, gelegentlich in ihrer Authentizität aber auch angezweifelte Bemerkung stellt mit den Wörtern »deutsch«, »Vorherrschaft« und »hundert Jahre« eine aus heutiger Sicht (un-)heilvolle Alliance her, die der relativierenden Erklärung bedarf:

Von »deutscher Vorherrschaft« könnte Schönberg deshalb gesprochen haben, um sich gegen die ihm zu Ohren gekommenen

---

Über die Reise nach Amsterdam zum Mahler-Fest hat Egon Wellesz 1971 im Vorwort zu der englischen Ausgabe seiner kleinen [Schönberg-]Biographie berichtet. Die Schönberg-Familie, Wellesz, Frau Wellesz und Anton von Webern saßen zusammen im Zug. Alle waren in heiterer Stimmung und froh, für die Zeit vom 6. bis 22. Mai der mitteleuropäischen Misere, der Knappheit und schlechten Ernährung entrückt zu werden. Nahe der holländischen Grenze warf Webern lachend eine leere Konservenbüchse aus dem Fenster und rief: »Nie wieder Cornedbeef« – es war seit Monaten das einzige

chauvinistischen Sprüche von Kollegen der Siegermächte (etwa von Camille Saint-Saëns oder Paul Claudel) zu behaupten. Es wäre aber auch möglich, daß er mit seiner so selbstbewußt klingenden Prognose auf einen wenige Wochen zurückliegenden, ihn diskriminierenden Vorfall reagierte, durch den er seine menschliche Würde zutiefst verletzt sah. Nachdem Schönberg jahrelang auf den geschätzten Sommerurlaub hatte verzichten müssen, war er im Juni 1921 mit seinen Lieben wieder aufs Land gezogen: in die Nähe von Salzburg, nach Mattsee, auch weil er wünschte, dort seinen Bruder Heinrich zu treffen, der seit einigen Jahren mit Bertel Ott, der Tochter des Salzburger Bürgermeisters, verheiratet war. Das familiäre Idyll wurde aber bald durch antisemitische Handlungen zerstört. Denn unter Mißachtung der Bundesgesetze hatte die Verwaltung von Mattsee beschlossen, Juden den Aufenthalt innerhalb der Gemeindegrenzen zu verbieten – mit der Folge, daß die Schönbergs nun gezwungen wurden, sich als Angehörige des christlichen Glaubens zu deklarieren. Der geächtete Komponist machte von dem Vorgang wenig Aufhebens. Er wechselte schlicht den Urlaubsort, verlegte ihn nach Traunkirchen in die Villa Josef, rührte sich auch nicht, als die Presse unter der Schlagzeile »Der Taufschein des Komponisten« von dem Zwischenfall berichtete, sandte Berg am 16. Juli erstaunlich gefaßte, wenngleich auch etwas zynische Zeilen: »Es war zum Schluß sehr häßlich in Mattsee. Die Leute dort haben mich scheinbar so verachtet, wie wenn sie meine Noten kannten. Geschehen ist uns sonst nichts. Aber angenehm ist das außerberuflich so wenig wie im Beruf – aber da muß man. Vielleicht auch hier? Ich wüßte nicht warum. – Nun will ich hier [in Traunkirchen] weiter arbeiten.«

Daß Schönberg die Mattsee-Affäre aber keineswegs als Bagatelle abtat, sollte sich zwei Jahre später manifestieren. Am 15. April 1923 ließ sein alter Freund Wassily Kandinsky wieder

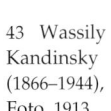

Fleisch, das man in Österreich zu essen bekam.
Aus Hans Heinz Stuckenschmidt, Schönberg‹, 1974

43 Wassily Kandinsky (1866–1944), Foto, 1913

einmal von sich hören (der Maler unterrichtete seinerzeit am Weimarer Bauhaus, jener bahnbrechenden Kunsthochschule, die der Architekt Walter Gropius, der zweite Mann von Alma Mahler, nicht allzu lange Zeit zuvor begründet hatte): Die Weimarer Musikhochschule solle eine neue Leitung bekommen; wenn er, Schönberg, an dieser Position interessiert sei, würde er, Kandinsky, sich für ihn verwenden. Die Antwort auf diese freundliche Anfrage (postwendend erteilt am 19. April 1923) fiel nicht nur negativ, sondern überraschend schroff aus, und der Komponist lieferte die Begründung für den herben Tonfall gleich mit: Er habe gehört, auch Kandinsky sähe »in den Handlungen der Juden nur Schlechtes und in ihren schlechten Handlungen nur das jüdische«, daher gebe er die »Hoffnung auf Verständigung auf«, er und Kandinsky seien definitiv »zweierlei Menschen«; im übrigen habe er in den letzten Jahren seine Lektion gelernt, »nämlich kein Deutscher, kein Europäer, ja vielleicht kaum ein Mensch«, sondern Jude zu sein. Kandinsky, dem antisemitisches Tönen bis dato nicht zwingend nachgewiesen werden konnte, replizierte, ihn hätten die Vorwürfe erschüttert. Schönberg erwiderte (am 4. Mai, die Möglichkeit einer später denn auch zustande gekommenen Versöhnung offenlassend, in der Sache jedoch unnachgiebig): Er hoffe, daß sie nicht blind füreinander wären, wenn sie sich wieder begegneten, aber die Erschütterung habe er sich gewünscht.

Könnte es also nicht sein, daß Schönberg, der durch den Vorfall von Mattsee in seiner deutschen Identität verunsichert war (und durch ihn gerade erst auf den Weg gebracht, eine jüdische zu finden), von der »deutschen Musik« und ihrer »Vorherrschaft« gesprochen hatte, um sich neu zu positionieren? Etwa, weil er damals noch irrigerweise an den »Schutz für Leistungen« (so der Komponist in einer 1933 entstandenen Skizze) glaubte: den deutsch-jüdischen Helden des Ersten Weltkriegs

Weil ich noch nicht gesagt habe, daß ich zum Beispiel, wenn ich auf der Gasse gehe und von jedem Menschen angeschaut werde, ob ich ein Jud oder ein Christ bin, weil ich da nicht jedem sagen kann, daß ich derjenige bin, den der Kandinsky und einige andere ausnehmen, während allerdings der Hitler dieser Meinung nicht ist. […] Hat ein Kandinsky nicht zu ahnen, was wirklich passiert ist, daß ich meinen ersten Arbeitssommer nach 5 Jahren unterbrechen mußte, den Ort verlassen, an dem ich Ruhe zur Arbeit gesucht hatte, und die Ruhe dazu nicht mehr zu finden imstande sein

vergleichbar, die sich trotz erstarkenden Nationalsozialismus'
durch ihre vaterländischen Orden geschützt fühlten?

Das »Vorherrschaft sichernde Gefundene«, das Schönberg
gegenüber Rufer erwähnt, nicht aber weiter kommentiert hatte,
sollte den Komponisten künftig nicht vor rassistischen Über-
griffen schützen, ihm jedoch à la longue die ehrende Anerkennung eintragen, die Musik des 20. Jahrhunderts geprägt, ihr
Klangpotential wesentlich erweitert zu haben. Es, das »Gefundene«, war aber nicht auf einen Zufall zurückzuführen, sondern Resultat eines zielstrebigen, sich über mehrere Jahre er-
streckenden Suchens, das noch vor dem Entstehungsprozeß der
›Jakobsleiter‹ begonnen hatte. Es, das war die »Methode der
Komposition mit zwölf nur aufeinander bezogenen Tönen«
(wie sie der Finder später nannte) oder schlichter die Zwölftontechnik (wie sie heute in der musikologischen Umgangs-
sprache heißt). Sie entsprang dem Willen Schönbergs, jene
kompositorischen Tendenzen, die sich bei ihm nach Aufgabe
der Tonalität ausgebildet hatten, in einem übergeordneten
Prinzip zu verdichten; dem Willen, seine bislang eher intuitive
Neigung – auf knappen Raum möglichst alle zwölf Töne des
wohltemperierten Systems zu verwenden (so etwa im ersten
Lied vom ›Buch der hängenden Gärten op. 15‹), aber keinem
von ihnen Priorität (etwa im Sinn einer Tonika) zu gewähren –
durch eine neue Ordnung zu regulieren: durch die Zwölfton-
(Grund-)reihe (dem ersten Modus) und ihre Ableitungen (dem
zweiten, dritten und vierten Modus: der Umkehrung, dem
Krebs und dessen Umkehrung). Die Intervallkonstellation der
besagten Grundreihe, die vom Komponisten in einem auf In-
spiration und Kombinatorik beruhenden Schöpfungsakt zu er-
mitteln ist, steuert den gesamten Klangfluß – so die Essenz der
»Methode« –, und zwar nicht nur dessen horizontale Linien,
sondern auch seine vertikalen Schichtungen. Mit Hilfe dieser

konnte? Weil die Deutschen keinen Juden dulden!
An Wassily Kandinsky,
4. Mai 1923

Idee, der Erkenntnis von der Transdimensionalität der Zwölftonreihe, gelang es Schönberg (wie ansatzweise schon in der
›Kammersymphonie op. 9‹), sein ästhetisches Ideal mit atem-
beraubender Perfektion zu realisieren: nämlich die »Einheit des
musikalischen Raums«, in dem es »wie in Swedenborgs Himmel (beschrieben in Balzacs ›Seraphita‹) kein absolutes Unten,
kein Rechts oder Links, Vorwärts- oder Rückwärts« mehr gebe
(so der Komponist in einem 1935 gehaltenen, ›Komposition
mit zwölf Tönen‹ betitelten Vortrag ausführte).

Das »Gefundene« wurde indes nicht gerade mit Hosianna-
Rufen begrüßt. Simultan kritisierte die eine gegnerische Partei
an ihm, es breche mit jahrhundertealten Traditionen (etwa der
Dur-Moll-Tonalität), während eine zweite behauptete, es falle
in alte Ordnungs-Schablonen zurück. Schönberg begegnete
solch, vorsichtig gesagt, simplen Attacken nicht nur mit schier
endloser Geduld, sondern oftmals auch mit geschliffenen For-
mulierungen. Den Anwälten jener Gruppe entgegnete er, die
Hauptthese seiner »Methode« sei, daß man der Reihe zwar folgen müsse, »im übrigen aber wie vorher« komponieren solle.
Und den Kritikern der anderen Seite erwiderte er, daß er nicht
in eine Ordnung gefallen sein könne, da es niemals Unord-
nung gegeben habe: »Es gibt überhaupt kein Fallen, sondern,
im Gegenteil, ein Steigen in eine höhere und bessere Ordnung.«

Die in solchen Äußerungen offenbar werdende Ambiva-
lenz, hier ein starker Beharrungswille, dort die unabdingbare,
weil moralisch fundierte Fortschrittstendenz, manifestiert sich
auch in Schönbergs ersten Zwölftonwerken. Zu ihnen gehört
das vielfach beschworene, Ende Juli 1921 in Traunkirchen entstandene ›Präludium‹, das zusammen mit den später komponierten Stücken ›Gavotte‹, ›Musette‹, ›Intermezzo‹, ›Menuett‹
und ›Gigue‹ die 1925 bei der Universal Edition erschienene
›Klaviersuite op. 25‹ bildet. Der epochemachende Zyklus do-

Die Zeit wird kommen, in der die Fähigkeit, thematisches Material aus einer Grundreihe von zwölf Tönen zu gewinnen, eine unabdingbare Voraussetzung für die Zulassung zur Kompositionsklasse eines Konservatoriums sein wird.

Aus ›Komposition mit zwölf Tönen‹, 1935

›Musette‹ aus Schönbergs ›Klaviersuite op. 25‹

mit freundlicher Genehmigung
der Universaledition

G = Grundreihe

U = Umkehrung
der Grundreihe

U$_B$ = Umkehrung
der nach B transpo-
nierten Grundreihe

K$_B$ = Krebs
der nach B transpo-
nierten Grundreihe

Der gesamten ›Klaviersuite op. 25‹ liegt **G** zugrunde. Musterhaft dokumentiert diese, daß Schönbergs Reihen nicht zufällige Konglomerate der zwölf die chromatische Skala bildenden Töne sind, sondern Ergebnisse eines wohldurchdachten schöpferischen Prozesses. Als dessen Kennzeichen wären etwa die vier letzten Töne von **G** (H, C, A, B) zu nennen. Ihr Krebs ergibt das B-A-C-H-Motiv – eine Hommage an den Thomaskantor, dessen ›Dritte Englische Suite‹ Schönberg Vorbild war. Ein weiteres Kennzeichen wäre der exponierte Gebrauch des Tritonus. Einerseits ist er das Rahmenintervall von **G** (erster und letzter Ton = E und B) sowie aller anderen Modi (also auch von **U**, **U$_B$** und **K$_B$**). Andererseits dient er als Maß für die Transponierung von **G**. Denn dieser, deren erster Ton E ist, stellt der Komponist eine (im Notenbeispiel nicht vorkommende) auf B beginnende »Schwesterreihe« zur Seite, deren Ableitungen wiederum **U$_B$** und **K$_B$** sind. Doch bestimmt der Tritonus neben den linearen Strukturen auch die vertikalen: So findet man ihn (durch Kästchen markiert) im ersten und zweiten Volltakt der ›Musette‹ – gleichermaßen eine Reverenz an die Dudelsackquinten der historische Musette wie ein Beleg für die »himmlische«, den Gedanken von Swedenborgs folgende Transdimensionalität der Zwölftonreihe.

kumentiert quasi paradigmenhaft das Potential von Schönbergs
futuristischer »Methode«: nämlich einerseits die Qualität, musikalische Einheit stiften zu können (basieren doch alle Sätze
auf ein- und derselben Zwölftonreihe, den Sätzen der barok-
ken Suite entsprechend, die durch die gemeinsame oder eine
verwandte Tonart gebunden sind); und es andererseits zu gestatten, auf eben dieser Basis prägnante, differierende, ja ge-
gensätzliche Charaktere zu profilieren.

Folgt man der rückwärts weisenden Blickrichtung des Janus-
kopfs, ist dem Komponisten der ›Klaviersuite‹ zu attestieren,
daß er mit seinen Satzbezeichnungen Traditionelles nicht nur
reklamierte, sondern er vom Wesen der Barocktänze subtile
Kenntnis hatte. So baute er ihren standardisierten zweiten Teil,
der in aller Regel auf der Dominante beginnt, um dann auf
mehr oder weniger verschlungenen Pfaden zur Tonika zurückzukehren, kongenial nach, indem er hier Ableitungen der
Grundreihe verwendet und zudem die Frequenz der Modi –
analytisch wie auditiv erfahrbar – deutlich erhöht, um für den
Spannungsgehalt der tonalen Modulation ein dodekaphones
Äquivalent zu schaffen. Mitnichten aber wollte Schönberg sich
das seinerzeit trendige Mäntelchen des Neoklassizismus um-
hängen. Keinesfalls beabsichtigte er, die Stilmöbelschau etwa
eines Ottorino Respighi und der ›Antiche danze ed arie‹ durch
weitere Ausstellungsstücke zu bereichern. Vielmehr hatte er mit
der ›Klaviersuite‹ im Sinn, den Hörern das Erfassen neuer musikalischer Gedanken zu erleichtern, indem er diese konven-
tionell einkleidete.

Obwohl Resultat höchster geistiger Gelenkigkeit, trug die
intendierte, an der ›Klaviersuite‹ abzulesende Antinomie von
Fortschritt und Tradition ihrem Schöpfer selten Bewunderung ein. Schon die Schlußsentenz aus Eislers 1924 publizier-
tem Essay ›Arnold Schönberg, der musikalische Reaktionär‹

In der neuen Musik sind die Zusammenklänge und die Melodie-Intervalle
und ihre Folgen oft schwer faßlich. Darum muß eine Form gewählt werden, welche auf der einen Seite Erleichterung schafft, indem sie einen bekannten Ablauf herstellt.

Aus ›Über die Anwendung alter Formen‹, 1927

hatte einen spitzen Unterton nicht verhehlen können, wenngleich sie ihn hinter der Maske des Ironischen zu verstecken suchte: Schönberg sei, so lautete das Bonmot, »der wahre Konservative«, er habe »sich sogar eine Revolution« geschaffen, »um Reaktionär sein zu können«. Das häufig zitierte, durch den Kontext im übrigen als Ehrung ausgewiesene Urteil mag allenfalls ein Nadelstich gewesen sein. In den fünfziger Jahren sah Schönberg sich jedoch einem regelrechten Kreuzfeuer ausgesetzt. Angeführt von Pierre Boulez, der 1952 seine Invektive ›Schönberg est mort‹ veröffentlicht hatte, schmähten ihn zahlreiche Komponisten als Eklektiker – in krassem Mißverständnis seines Œuvre, mit dem sie, zumeist seriellen Konzeptionen im Sinn einer *musica pura* verpflichtet, einen vorzugsweise technologischen Umgang pflegten. Schönbergs 1937 ausgesprochener Wunsch, gerade letzteres zu vermeiden, schien unerhört geblieben zu sein, vorerst jedenfalls: »Ich bin irgendwie traurig, daß man so viel von Atonalität spricht, von 12-Ton-Systemen, von technischen Methoden, wenn von meiner Musik die Rede ist. Alle Musik, alles menschliche Schaffen, hat Skelett, Blutkreislauf und Nervensystem. Ich würde mir wünschen, daß sich meine Musik als ein aufrichtiger und intelligenter Mensch versteht, der zu uns kommt und etwas sagt, das er zutiefst empfindet und für uns alle von Bedeutung ist.«

Die Trauer des Komponisten, seine Musik auf Technisches reduziert zu sehen, ist nachvollziehbar. Jahrzehntelang hatte er Werke geschaffen, die vor emotionalem Druck zu bersten schienen, die – mehr oder weniger indirekt – menschliche Grenzerfahrungen verarbeiteten (wie die Leiden des jungen Gerstl, das Trauma des Ersten Weltkriegs oder religiöse Offenbarungen). Gleichzeitig hatten seine Kompositionen ebenso konsequent wie kontinuierlich künstlerisches Brachland erschlossen, zu einer neuen Definition des musikalischen Raums beigetragen.

> Doch ist die Zwölftontechnik keineswegs, wie man sie vielfach mißversteht, ein Tonalitätsersatz, da sie die musikalischen Ereignisse gleichsam hinter der Szene vorformt.
>
> *Aus Theodor W. Adorno,*
> *›Schönberg (I)‹, 1957*

Und es war eben diese Verschränkung von Gefühl und materialbezogener Ratio gewesen, der sein Œuvre Erhebliches an Suggestionskraft verdankte. Nun aber, nach der Entwicklung seiner »Methode mit zwölf Tönen zu komponieren«, verengte man vielerorts die Blende: Nicht wenige Exegeten negierten das Lebendige in seiner Musik, verstanden sie nur als Konstrukt und betrachteten deren Urheber als eine Art Klangingenieur.

Sollte das Private und Persönliche seit dem Juli 1921, seit dem denkwürdigen Gespräch mit Rufer über das »Gefundene«, denn so plötzlich ausgeschlossen worden sein? Sollte es ihn, dessen Ideal der »Vollmensch« war, und sein Schaffen wirklich unbeeinflußt lassen, daß Tochter Trudi sich Ende 1921 mit seinem Schüler Felix Greißle vermählte, dem nachmaligen Direktor des New Yorker Musikverlags G. Schirmer? Daß die beiden ihm 1923 einen Enkel schenkten, dem sie den Namen Arnold gaben? Ging der Tod seiner Mutter Pauline (sie starb im Oktober 1921) tatsächlich spurlos an ihm und seinem Werk vorüber? Ließ ihn die Festgabe seiner Schüler unbeeindruckt, die ihm

1924, zum 50. Geburtstag, ein Album mit ihren Fotos und handschriftlichen Kommentaren überreichten? Wie verkraftete er den Tod Mathildes, die nach längerer Krankheit – im Alter von nur 46 Jahren – am 18. Oktober 1923 entschlief? Und auf welche Weise begegnete er den Verwirbelungen in seiner Seele, als er wenige Monate nach dem Sterben Mathildes eine neue Liebe in sich erstarken fühlte, zu der

44   Schönberg mit seiner Tochter Trudi Greißle, Felix Greißle und deren Sohn »Bubi« Arnold, Foto, 1923

Die Zwölftonmusik Schönbergs klingt wie Erbrochenes für diejenigen, welche Stimmigkeit des Materials in ein neues Musikdenken hinüberretten wollen. Sie vollzieht mit gebrochenem Rückgrat altgediente philharmonische Rituale und provoziert so im Hö-

sechsundzwanzigjährigen Gertrud Kolisch, der Schwester seines Schülers Rudolf, die er am 28. Juli 1924 heiratete?

Die Geburt seines Enkels begrüßte Schönberg, als er dem »Bubi Arnold« das im Juli 1924 vollendete ›Bläserquintett op. 26‹ widmete. Seiner Trauer um Mathilde verlieh er Ausdruck, als er wenige Tage nach ihrem Tod ein ›Requiem‹ zu dichten begann, dessen siebenter Teil nach einer möglichen Wiederbegegnung fragt: »Begegnen die Wandrer jemals sich wieder? / Im Richtungslosen? / Im Zeitlosen? / Und auf Erden vergeht doch die Zeit! / Und alle Richtungen gehen auseinander! / Wie soll man sich da finden?« Die Angst um das Leben seiner Frau schlug sich im vierten, Anfang Frühjahr 1923 komponierten Satz der ›Serenade op. 24 für sieben Instrumente‹ nieder: in der dodekaphonen Vertonung eines Petrarca-Sonetts, das von der Nachbarschaft zwischen Liebe und Tod, von der diesseitigen und einer jenseitigen Welt erzählt, von Polaritäten, die Schönberg einfing, indem er die Singstimme zunächst eher rezitativisch, dann aber – etwa über den Wörtern »nur der Tod verdränget« – eher lyrisch anlegte.

Vor allem bleibt jedoch festzuhalten, daß der Komponist parallel zur Entdeckung seiner »Methode« auch zu neuen Ausdruckswerten gelangte, zu einer oft verkannten Lichte und Serenität – Insignien einer Gelassenheit, denen man in seinem Werk zuvor nicht begegnen konnte. So erinnert die ›Klaviersuite‹ in ihrem Drive, ihrer Spielfreude und Verzierungslust an die Virtuosität französischer Clavicenisten. Und die ›Serenade op. 24‹ wartet – abgesehen von ihrem zentralen Satz, der Petrarca-Vertonung – mit einer Vielzahl drolliger Klänge auf (hervorgerufen durch das italienische Flair der Ständchen-Instrumente Mandoline und Gitarre) und schrägen, die Metrik aushöhlenden Rhythmen, die denen eines Igor Strawinsky (etwa in ›L'Histoire du soldat‹) in nichts nachstehen.

rer ästhetische Schizophrenie. Traditionelle Formen, tonal orientierte Gestik, musikantische Emphase, durch Zwölfton-Regeln verspannt und entkräftet: »Hier kann man sie noch erblicken, feingeschrotet und in Stücken.« Gerade als so verkrüppelte und entstellte lädt diese Musik immer noch zur Verbrüderung ein.

Aus Helmut Lachenmann, ›Über Schönberg‹, 1975

Schönbergs kompositorischer Werdegang könnte als stetes organisches Wachsen beschrieben werden, als Bewegung ohne Sprünge: als ein Voranschreiten freilich, das durch seine fast gleishafte Zielgerichtetheit zu einer Unzahl von Stationen geführt hatte, den Komponisten eine Legion von Aggregatzuständen durchleben ließ. Jetzt galt es, zurückzublicken, sich zu sammeln und Künftiges zu planen. Ganz homo ludens scheint Schönberg diesen Ansprüchen Folge geleistet zu haben. Auf einer Art Postkarte legte er am 28. Mai 1923 – in einer nahezu symbolhaften Geste – diverse Schriftproben ab (als Fingerabdruck; in lateinischer und deutscher Schrift; mit Gold- und Stahlfeder oder Kugelschreiber) und kommentierte diese: »So viele verschiedene Schriften eines einzigen Menschen – so viele Gesichter? Wo bleibt da der Charakter? Na hoffentlich habe ich einen! Wo nicht, so habe ich viele.«

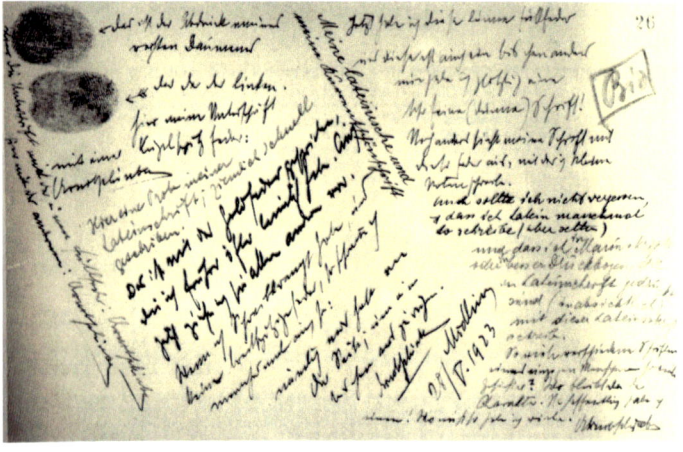

45 Karte mit Schriftmustern Schönbergs, 28. Mai 1923

Der biblische Weg
Ja, wer tommerlt denn da?

Schönbergs Trauer um Mathilde war tief. Aber nicht nieder-
schmetternd, erdrückend. Mathilde hatte sich stets zurück-
genommen, nie in den Vordergrund gespielt. Sie konnte loslas-
sen. Im Leben: Richard Gerstl. Nun, im Tod: ihren Arnold. Und
weil der Zurückgebliebene sie unendlich liebte, mußte er sich
abermals verlieben, wie er am 21. August 1924 seinem Schwager Alexander Zemlinsky gestand: »Muß ich Dir sagen, daß ich
selbst nicht begreife, […] daß ich nach Mathilde noch eine Frau
liebe. Und daß ich mich selbst damit quäle, daß ich ihrem An-
denken eine Schmälerung zufüge. Wirst Du mich verstehen
und Nachsicht haben? Ich weiß, daß Du viel zu großherzig bist,
um nicht einzusehen, daß vielleicht gerade, weil ich Mathilde so
geliebt habe, diese Lücke irgendwie ausgefüllt werden muß.«

Gertrud Kolisch, Mathildes Nachfolgerin, dürfte bereits in jungen Jahren eine außerordentliche Persönlichkeit gewesen sein.
Immerhin brauchte es schon einiges an Mut, ihre Liebe zu
Schönberg zu leben, den Eheschluß mit dem fast doppelt so alten Witwer noch innerhalb des Trauerjahrs zu wagen. Die Hochzeit ließ denn auch Böses ahnen: Weder rauschendes Fest noch
fröhliche Feier, wurde sie von
einer eher gedämpften Atmosphäre beherrscht – nicht zuletzt deshalb, weil der die
Trauung vornehmende Pfar-
rer den Komponisten mit den
Worten begrüßte, er habe ihm

46   Gertrud Kolisch, Foto, undatiert

noch nicht einmal zum Tod seiner Frau kondolieren können. Doch das dunkle Gewölk täuschte. Die jetzige Gertrud Schönberg, eine gelernte Schauspielerin, bildete mit ihrem Mann nicht nur ein Paar, dessen erotische Spannung jenseits des Altersunterschieds lag, sondern auch ein Team, das sich durch Fairneß, Verständnis, Witz und gegenseitige Achtung stets von neuem motivierte. »*Harmonielehre*, meine Liebste, werden wir keine brauchen«, schrieb Schönberg, eine der kostbarsten Liebeserklärungen der Musikgeschichte formulierend, am 28. August 1924 in ein Exemplar seines gleichnamigen, der Braut überreichten Lehrbuchs.

Daß die Schönbergs ihre seelische Affinität so spontan entdeckten, daß sie diese so bald (sie hatten sich erst zum Jahreswechsel 1923/24 kennengelernt) besiegelten, im festen Bewußtsein, füreinander bestimmt zu sein, mag angesichts der Kürze des Zeitraums und eines gedrängten Terminplans wie ein Wunder erscheinen: Immerhin mußte der Komponist in jenen Monaten ein großes Arbeitspensum bewältigen. Ende März, Anfang April 1924 hatte er – auf Einladung von Alfredo Casella – in zehn italienischen Städten (etwa Rom, Neapel, Florenz, Venedig und Mailand) den ›Pierrot‹ dirigiert und geschmeichelt registrieren können, daß sein gefeierter Kollege, Maestro Giacomo Puccini höchstselbst, eine Autoanfahrt von sechs Stunden in Kauf nahm, um das noch immer heißdiskutierte Werk zu hören und dessen Urheber persönlich kennenzulernen. Anfang Mai stand Schönberg am Pult, weil er im 1. Wiener Bezirk, im Haus von Dr. Norbert Schwarzmann, Krugerstraße 17, die private Uraufführung der ›Serenade‹ übernehmen wollte, der am 20. Juli die offizielle folgte (im Rahmen der ›Donaueschinger Kammermusikaufführungen zur Förderung zeitgenössischer Tonkunst unter dem Protektorat des Fürsten zu Fürstenberg‹). Außerdem galt es, die lang ersehnten Uraufführungen

Wie nun ist mein Mann [der Protagonist in ›Die glückliche Hand op. 18‹] geartet? Er [...] stellt sich mit einem »Ja« sofort aufs neue zum Kampf, vergißt seine Leiden und Wunden, erobert und läßt erobern. Welches ist sein Schicksal? Ein typisches: er erliegt dem Wesen, dessen Gesetz der Wechsel ist. Sein Schicksal ist der Wechsel, und er versteht es dabei immer, Kraft zu besitzen und Schmuck zu schaffen, sein Schicksal ist der Wechsel, der das Gesetz seines erotischen Gegenübers ist. Es muß nicht ein Mann so geartet sein, und es gibt andere Frauen. Es gibt auch das umgekehrte Verhältnis.

zweier Bühnenwerke zu begleiten: Die des Monodrams ›Erwartung op. 17‹ fand am 4. Juni anläßlich des Prager Musikfests unter Zemlinsky statt, die des Einakters ›Die glückliche Hand op. 18‹ am 14. Oktober in der Wiener Volksoper unter Fritz Stiedry. Ferner befand sich die Vollendung des schon 1923 begonnenen ›Bläserquintetts op. 26‹ auf der Dringlichkeitsliste, von der es allerdings schon am 26. Juli gestrichen werden konnte. Nun durfte Schönberg – neben der ›Klaviersuite op. 25‹ – auf eine weitere Komposition verweisen, in der er zwölftönige Strukturen einer aus dem Wesen der Tonalität entwickelten Form, hier der Sonate, anverwandelt hatte. Dieses Procedere trug dem Komponisten alsbald die philosophisch untermauerte Bewunderung des jungen Theodor W. Adorno ein, weil es nicht auf der gehorsamen Erfüllung einer durch die Atonalität längst eliminierten Schablone basierte, sondern auf einer streng thematischen (nicht harmonischen) Konstruktionsarbeit, deren Ergebnis (nicht deren Voraussetzung) die Form der Sonate war. Und endlich hieß es für Schönberg Portraitsitzen, da Oskar Kokoschka ihn zu malen wünschte – ein zeitlicher Aufwand allerdings, der sich lohnen sollte. Denn der vormalige Professor der Dresdener Kunstakademie schuf kein glatt-routiniertes Gemälde, sondern ein ambivalentes Bildnis, das Schönberg in der Haltung eines Cellospielers präsentierte, eines magischen, weil ohne Instrument agierenden Musikers: als einen vergeistigten Komponisten, so könnte man folgern, der sich vom schnöden Bereich des Materiellen verabschiedet hat.

Kokoschkas genialer, Sehkraft bezeugender Kunstgriff spielte vermutlich auch auf die zwiespältige Lebenssituation des Portraitierten an. Eines Schönbergs, der nach dem Tod Mathildes und mit dem Erreichen des 50. Geburtstags sich von wesentlichen Essenzen seines Daseins hatte trennen müssen. Eines Künstlers fürderhin, der (dem »Mann« in der ›Glücklichen Hand‹ ver-

Und es gibt auch das problemlose. Aber hier ist dieses Verhältnis gezeigt. Und nun bitte ich intelligente Menschen nachzudenken: Stellt sich in diesem Mann, der aus größter Niedergeschlagenheit jedes Mal zu vollster Aktivität (in jedem Sinne) zu erwachen imstande ist, stellt sich in diesem Manne das erotische Unvermögen dar? Oder ist es nicht fast das Gegenteil?
Reaktion auf die Uraufführungskritik von Emil Petschnig, undatiert

gleichbar) dennoch agierte, sich beherzt auf eine zweite Ehe einließ und willens war, seine Weltsicht zu überdenken.

Das besagte Sondieren ließ den Lebensstil des Komponisten nicht unberührt. So begann Schönberg, sich ausgesucht elegant zu kleiden (vorher eine quantité négligeable für ihn). Er legte nun auf die Unterscheidung zwischen Frack und Cut Wert, ließ sich einen schmucken Schnäuzer wachsen, besuchte Bars, hörte Jazz, trieb vermehrt Sport – und machte seiner jungen Frau artige, ja anrührende Komplimente. »Meine Liebste«, schrieb er in den ihr zu Silvester überreichten Taschenkalender 1925, »unser erstes Neujahr, das erste Jahr mit Dir: ich wünsche uns zusammen soviel Glück, als mir das Drittel Jahr mit Dir bisher gebracht hat. Dann haben wir beide genug.«

Darf man also sagen, daß Schönberg sich ab 1924 einer tiefen Wandlung unterzogen hat? Daß er das Schwere, Grüblerische, das Strindbergsche, das Wagnersche, das Brahmssche, um nicht zu sagen das Germanische, teilweise hinter sich ließ und der Leichtigkeit des Seins gewahr wurde, des savoir vivre, ja des Südlichen, des Mediterranen?

Fakt ist, daß er damals seine Liebe zu Italien entdeckte und im September 1924 mit Gertrud nach Venedig reiste, weil er einerseits die Flitterwochen würdig begehen wollte und andererseits Alma Mahler zu besuchen wünschte, die sich kurz zuvor in der Lagunenstadt niedergelassen hatte. Tatsache ist auch, daß er diese Reise exakt ein Jahr später wiederholte, um bei den Konzerten der Internationalen Gesellschaft für Neue Musik die ›Serenade op. 24‹ zu dirigieren und im milden Klima der italienischen Küste seine asthmatischen Beschwerden zu lindern. Das »Land, wo die Zitronen blühn« – ob der Komponist schon 1921 von ihm geträumt hatte, als er die Gassenhauer ›Santa Lucia‹ und ›Funiculi, funicula‹ für Mandoline, Gitarre und andere Instrumente einrichtete?

47 Benedict Fred Dolbin (1883–1971), ›Arnold Schönberg dirigiert die ›Serenade op. 24‹. Zeichnung. Dolbin war nicht nur einer der bekanntesten Karikaturisten seiner Zeit, sondern auch ein Schüler Schönbergs, bei dem er zwischen 1908 und 1917 Unterricht bekommen hatte

Schönbergs Neuorientierung (ein Vorgang, der die Kompaß-
nadel zittern ließ, zwangsläufig mit Momenten der Unsicherheit einherging) trat ferner in den September respektive Oktober 1925 geschaffenen Chorwerken zutage: den ›Vier Stücken
op. 27‹ und den ›Drei Satiren op. 28‹, seinen ersten der Zwölftontechnik folgenden Vokalsätzen – Stationen, die man als Recht-
fertigung vor sich selbst und der Welt werten könnte.

Mit ›op. 27‹, namentlich in den beiden eröffnenden Stücken
auf eigene Texte (›Unentrinnbar‹ und ›Du sollst nicht, du mußt‹),
wandte sich der Komponist nach innen. Er reflektierte, eine
Brücke zur ›Jakobsleiter‹ wie zur eigenen Biographie schlagend,
das Schicksal der von Gott Auserwählten (op. 27, Nr. 1): »Tapfere sind solche, / die Taten vollbringen, / an die ihr Mut nicht
heranreicht.« Er plädierte, seiner jüdischen Wurzeln eingedenk,
gegen das Bild, weil es einschränke, begrenze (op. 27, Nr. 2).
Und er rekurrierte bei der Vertonung dieser seiner Texte auf
Charakteristika konventionell-tonaler Chorsätze (auf deren einfache Rhythmik und die Vierstimmigkeit), als habe er kundtun
wollen, welch weiten Weg er, der »Tapfere« ohne hinreichenden
Mut, der »Auserwählte« wider Willen, seit seinen Anfängen als
Chormeister proletarischer Gesangsvereine zurückgelegt habe.

Mit ›op. 28‹ wandte sich Schönberg nach außen, kommentierte er in bissigen Versen das Treiben seiner Komponistenkollegen. Er attackierte die Opportunisten, die das Ethos des
Schöpfers dem Herdentrieb opferten (op. 28, Nr. 1): »Tonal
oder atonal? / Nun sagt einmal / in welchem Stall / in diesem
Fall / die größre Zahl […].« Er verspottete die schnittige Wendigkeit der (Mode-)Wellenreiter, speziell des von ihm so ein-
gestuften Igor Strawinsky (op. 28, Nr. 2): »Ja, wer tommerlt denn
da? / Das ist ja der kleine Modernsky! / Hat sich einen Bubizopf
schneiden lassen; / sieht ganz gut aus! / Wie echt falsches
Haar!« Er verhöhnte solche Zeitgenossen, die, heute noch Ro-

Mir kommt diese Gefahr als die größere vor: Manche, auf die ich es mit
diesen Satiren abgesehen habe, könnten im Zweifel sein, ob sie sich getroffen zu fühlen haben.

So sei denn, wo Verse und Musik dunkel genug erscheinen, daß einer,
der das Licht zu scheuen hat, glaubt sich verbergen zu können, so sei also
dort durch weniger verhüllte Worte Unklarheit beseitigt.

1. wollte ich alle treffen, die ihr persönliches Heil auf einem Mittelweg suchen. Denn der Mittelweg ist der einzige, der nicht nach Rom führt. Ihn aber

mantiker, sich morgen schon als Neoklassizisten ausgaben (op.
28, Nr. 3): »Ich staun, wie rasch die Wendung: / von heut auf morgen / besitzt man Formvollendung?« Er bediente sich alther-
gebrachter, durch die Zwölftontechnik allerdings ironisch
gebrochener Kontrapunktkünste (wie des Kanons in der ersten
Nummer oder der Tripelfuge in der dritten), um die retrospektive
Haltung der genannten Gruppe bloßzustellen. Und er richtete
die musikalische Architektur des zweiten Chors (›Vielseitigkeit‹)
rückläufig ein, als ob er durch das klingende Palindrom habe
anzeigen wollen, daß die Spirale kompositorischer Dummheit
eine ewige sei.

Die Entscheidung, derart freche Töne anzuschlagen, basierte
auf mehreren Motiven. Zum einen hatte Schönberg die Absicht, jüngere Komponisten vor dem Trugschluß zu warnen, er
gehöre bereits zum alten Eisen. Zum zweiten wollte er die Gegner seiner Zwölfton-Methode und ihre Argumente ins Visier
nehmen. (Aus einem ähnlichen Grund, nämlich um zu bewei-
sen, daß er auch mit sieben Tönen so manches zusammenbrin-
ge, »was zwar nicht sehr geschätzt« würde, »aber immerhin als
schwierig« gelte, ergänzte Schönberg die ›Drei Satiren‹ durch
drei kanonisch angelegte tonale Sätze, die er mit kunstvollen
Diminutionen und Augmentationen gespickt hatte.) Zum dritten schließlich könnte man die ›Satiren‹ als komponierte An-
trittsvorlesung betrachten (vor allem beim Blick auf das Vorwort, in dem der Autor den Mittelweg zur schlechtesten aller
Lösungen deklarierte, weil dieser als einziger nicht nach Rom
führe): als ein Programm, mit dessen Hilfe er darlegen wollte,
welches denn seine ästhetisch-pädagogischen Leitlinien seien.

Schönbergs confessio richtete sich freilich nicht (oder wenigstens nicht nur) an eine imaginäre, sondern an eine konkrete
Hörerschaft: an die Kollegen und Studenten, welche ihn künftig in der Preußischen Akademie der Künste zu Berlin erwar-

benützen solche, die an den Dissonanzen naschen, also für modern gelten
wollen, aber zu vorsichtig sind, die Konsequenzen daraus zu ziehen [...]
2. ziele ich auf die, die vorgeben »zurück zu ...« zu streben. Ein solcher
sollte nicht glauben machen wollen, es liege in seiner Hand, zu bestimmen, wie weit zurück er sich bald befinden wird [...]. Dieser Zurück-Le-
bemann hat, kaum wiedergeboren, schon in der Schule viel versäumt und
muß darum eben jetzt Tonika und Dominante neu erleben [...]
3. Mit Vergnügen treffe ich auch die Folkloristen, die [...] auf die na-

ten würden. Denn am 28. August 1925, kurz bevor er den Plan der ›Drei Satiren‹ zu realisieren begann, hatte er einen Vertrag unterzeichnet, der ihn verpflichtete, an dem renommierten Institut eine Meisterklasse für Komposition zu übernehmen (zunächst für die Zeit vom 1. Oktober 1925 bis 30. September 1930). Dank der Vermittlung Franz Schrekers, der den Namen des Kollegen ins Spiel ge-

48 Franz Schreker (1878–1934).
Zeichnung von Emil Orlik, 1922

bracht hatte, als die Nachfolge des am 27. Juli 1924 verstorbenen Ferruccio Busoni diskutiert wurde, aber auch wegen der diskreten Verhandlungsführung des Pianisten und Musikpädagogen Leo Kestenberg, des seinerzeitigen Referenten für musikalische Angelegenheiten im Preußischen Ministerium für Wissenschaft, Kunst und Volksbildung, wurde nun die dritte und letzte Berliner Phase Schönbergs eingeläutet.

Zunächst allerdings, im Herbst 1925, hatte sich der preußische Professor einer Blinddarmoperation zu unterziehen. Sie verlief zwar komplikationslos, verzögerte jedoch seinen Amtsantritt. Folglich traf Schönberg erst zu Beginn des nächsten Jahrs in Berlin ein. Um so intensiver ging er die neue Aufgabe an, gab er sich dem kulturellen und gesellschaftlichen Leben der Reichshauptstadt hin. Am 11. Januar 1926 berichtete er Alban Berg, dessen ›Wozzeck‹ im Dezember an der Berliner Staatsoper uraufgeführt worden war (unter der Leitung von Erich Kleiber), er habe schon am Tag nach seiner Ankunft einer Aufführung beigewohnt, das Werk sei ihm zwar noch nicht völlig ver-

---

turgemäß primitiven Gedanken der Volksmusik eine Technik anwenden wollen, die nur einer komplizierten Denkart angemessen ist. […]

4. Schließlich alle »…isten«, in denen ich doch nur Manieristen sehen kann. Deren Musik jenen am besten gefällt, die dabei ununterbrochen an das Schlagwort denken, das ausgegeben wird, um jedes andere Denken auszuschließen.

Aus ›Drei Satiren für gemischten Chor op. 28‹,
Vorwort zur gedruckten Fassung, 1926

traut, aber als »Ganzes macht es einen sehr großen Eindruck, und ich kann auf einen solchen Schüler nur stolz sein.« Weitere Opernbesuche (etwa von Gaetano Donizettis ›Don Pasquale‹, Franz Schrekers ›Der Schatzsucher‹ oder Modest Mussorgskis ›Boris Godunow‹) schlossen sich in den nächsten Wochen an, flankiert von Theatergängen (etwa zu Franz Werfels Historie ›Juarez und Maximilian‹), Kinobummeln (Charlie Chaplins gerade erst produzierte Groteske ›Goldrausch‹ sahen sich die Neuberliner gleich mehrfach an) und konzertantem Genießen (in der Berliner Philharmonie hörten sie Johann Sebastian Bachs ›h-Moll-Messe‹, in der ›Akademie der Künste‹ ein Recital mit Rudolf Kolisch, dem Schwager respektive Bruder).

Seinen Stolz indes brauchte Schönberg nicht auf Berg, den Urheber des ›Wozzeck‹, zu beschränken. Stolz durfte er ebenfalls auf jene Studenten sein, die im ersten akademischen Lehrjahr zu ihm stießen – allesamt »intelligente Burschen«, wie er Anton Webern verriet (in einem Brief vom 29. März 1926). Zu ihnen zählte Winfried Zillig, der – schon in Wien Eleve des Meisters – nicht nur als Komponist, sondern auch als Dirigent reüssieren sollte und im Deutschland der Nachkriegsjahre, in der BRD, zu einem der vehementesten Vorkämpfer der Wiener Schule wurde: Er fertigte den Klavierauszug von Schönbergs Oper ›Moses und Aron‹ an, brachte mit hoher Sensibilität die unvollendete ›Jakobsleiter‹ in Partitur, organisierte (als Leiter des Sinfonieorchesters von Radio Frankfurt) zum 75. Geburtstag Schönbergs eine Veranstaltung mit dessen ›Variationen für Orchester op. 31‹ sowie dem ›Violinkonzert op. 36‹ und setzte sich außerdem für den Webern-Schüler Karl Amadeus Hartmann

Sie sprechen von den ersten Zeiten unserer Begegnung in Wien, als ich [...] zu Ihnen kam. Der Abend ist mir unvergesslich, es war Herbst, in Mödling. Sie waren auf dem Sprung nach Berlin, und nicht sehr begeistert[,] vorher noch neue Schüler privat aufzunehmen [...]. Ich hatte keine Ahnung[,] wie Sie aussahen, und war, als Sie ins Zimmer traten[,] gleich gefangen durch den unvergesslichen forschenden Blick, den Sie über mich langes kleines Schülerlein warfen. Dann musste ich ein bisserl warten und habe mich in dem dämmernden Zimmer mit den in der Dämmerung besonders unheimlichen Köpfen, die an den Wänden hingen, – Ihren Gemälden –, fast gefürchtet. Dann kamen Sie zurück, wir gingen ins andere Zimmer zum Flügel[,] und ich spielte. Ein Chorstück nach Eichendorff. Als Sie nach dem 10[.]Takt nicht abbrachen[,] um mir mitzuteilen, dass Sie genug gehört hätten und genau nun Bescheid wüssten, (wie das bei

ein, dessen sinfonischen Erstling er uraufführte. Dem erlauchten Kreis der ersten Akademie-Studenten Schönbergs gehörte auch der Pole Josef Zmigrod an, der später – unter dem Künstlernamen Allan Gray – als Filmkomponist Karriere machte: Sein Song ›Flieger, grüß mir die Sonne‹ (aus dem Streifen ›F. P. 1 antwor-

49 ›FP1 antwortet nicht‹. Deutschland 1932; Regie: Karl Hartl. Szene mit Hans Albers und Sybille Schmitz

tet nicht‹) erreichte in der Interpretation Hans Albers' ein Millionenpublikum, seine Musik zu ›Berlin Alexanderplatz‹, der Verfilmung von Alfred Döblins Roman (1929), ging in die Geschichte ihres Genres ebenso ein wie jene zu ›The African Queen‹, dem 1951 produzierten Werk John Hustons (mit Katherine Hepburn und Humphrey Bogart in den Hauptrollen).

Die Vielfalt der zwanziger Jahre, speziell Berlins, spiegelte sich nicht nur in der Schülerschar Schönbergs, sondern auch in seiner ›Suite op. 29‹ wider, deren Finale er im Mai 1926 beenden konnte. Obgleich er auf die ursprünglich angedachten Satztypen und -bezeichnungen (etwa ›Jo jo Foxtrott‹, ›Walzer‹, ›Film Diva‹ oder ›Tennis Ski‹) letztlich verzichtete, zeigt dieses Septett die Tendenz, Polystilistisches, Altes und Neues, Komplexes und Schlichtes zu vereinen. So schimmert im zweiten Satz der ›Suite‹, ›Tanzschritte‹ überschrieben, noch Foxtrotthaftes durch: besonders leicht vernehmbar in der Col-legno-Partie des ersten Teils, die das Schlagzeug seinerzeitiger Jazzbands zu imitieren scheint. Im dritten Satz variiert Schönberg das textlich auf den frühbarocken Dichter Simon Dach zurückgehende Lied ›Ännchen von Tharau‹, dem die eingängige Melodie Friedrich Silchers eine solche Popularität bescher-

Prüfung einer Komposition meiner Erfahrung nach üblich war) sondern mich weiterspielen liessen, immer weiter volle 20 Minuten, und als Sie dann immer mehr hören wollten, bis ich nach einer Stunde endlich sagte, mehr hätte ich nicht dabei, war mein Erstaunen grenzenlos. Und als Sie mir dann sagten, Sie könnten zwar kein endgültiges Urteil über meine Begabung sagen, aber Sie glaubten schon[,] dass eine Begabung sei, und meine erste Stunde sei am folgenden Dienstag, da war ich fassungslos vor Glück.   *Zillig an Schönberg, 20. Dezember 1948*

te, daß es zahlreichen Sammlungen – etwa dem hunderttausend-
fach verbreiteten ›Deutschen Kommersbuch‹ – einverleibt wurde. Wollte Schönberg mit der Verwendung der volkstümlichen
Weise seiner humorbegabten Frau, der Widmungsträgerin des
Werks, deren Monogramm in Form der Töne G und Es den dritten und vierten Satz eröffnet, ein augenzwinkerndes Kompli-
ment machen? Schwebte ihm beim Komponieren also der Re-
frain vor? »Ännchen von Tharau ist's, die mir gefällt; sie ist
mein Leben, mein Gut und mein Geld.« Dachte er aber auch an
die Bedrohungen der Liebe, die in der zweiten Strophe ange-
sprochen werden? »Krankheit, Verfolgung, Betrübnis und Pein
soll unser Liebe Verknotigung sein.«

Es war nicht die Galanterie der ›Suite‹ allein, die das Ehele-
ben der Schönbergs begünstigte, sondern auch eine Reihe von
Privilegien, die man dem »Akademie«-Professor vertraglich zu-
gesichert hatte. Erwähnenswert sind die Annehmlichkeit, zu
Hause unterrichten zu dürfen, sowie die großzügig gehand-
habte Präsenzpflicht: Immerhin hatte Schönberg das Recht, eine
Hälfte des Jahrs außerhalb von Berlin zu verweilen und die
Abwesenheit notfalls zu verlängern, wenn er den ausgefalle-
nen Unterricht nachholte. Diese Klausel brachte es mit sich,
daß die Schönbergs ihre Mödlinger Wohnung noch eine Weile
behielten und sich in Berlin zunächst nur provisorisch nieder-
ließen (anfangs in der Pension Bavaria am Charlottenburger
Steinplatz 2, dann in der Kantstraße 4, Nähe Kurfürstendamm),
bevor sie nach circa zwei Jahren ein dauerhaftes Quartier bezo-
gen (in Neuwestend, Nußbaumallee 17). Die besagte Klausel
gestattete es Schönberg aber auch, sich erstmals in seinem Leben längere Zeit Muße zu gönnen und seiner durch chroni-
sches Asthma lädierten Gesundheit Rechnung zu tragen. Jahrelang hatte er sie durch das stete Übermaß an Arbeit, den Abusus
von Medikamenten wie Codein oder Anregungsmitteln wie

Ich muß […] aufs Schärfste den […] Ausdruck: »intellektueller Konstruk-
tivismus« zurückweisen. Dieser Ausdruck ist aus der Gosse unwissend-
ster Zeitungspolemik aufgeklaubt, ist eine höhnische Kampfbezeichnung,
eine Beschimpfung […].

An Max Butting, 5. Juli 1931

Nikotin und Alkohol gefährdet. Jetzt galt es – sowohl angesichts der beruflichen Aufgaben als auch der jungen Ehe (»meine Frau besteht darauf, heuer mit mir in einen Kurort zu gehen«, so der Komponist in einem Brief vom 7. Juli 1926 an den
Mediziner Gustav Singer) – Vorsorge zu betreiben, sich fit zu
halten. Folglich scheint die Sommerfrische 1926 mit großem Be-
dacht gewählt worden zu sein: Kärnten, genauer gesagt das
Hotel Werzer in Pörtschach am Wörther See – südlich genug
gelegen, um dem Asthma Schönbergs entgegenzuwirken, ideal
zum Schwimmen oder Tennisspielen (letzteres auch gegen
Franz Schreker, der sich mit seiner Frau am gleichen Ort erholte), aber doch nahe genug an Wien, um Freunde und Verwandte wiederzusehen.

Professor der angesehenen Akademie der Künste, deren Präsident kein Geringerer als der hochbetagte Max Liebermann
war; eine intelligente, liebenswerte Frau zur Seite; finanziell
erstmals einigermaßen abgesichert; umgeben von »intelligen-
ten Burschen«, die ihn bewunderten – von solchen Glücksmo-
menten hätte sich mancher einschläfern oder zahnlos machen
lassen. Nicht so Schönberg, der im Foxtrott und Charleston
den Tanz auf dem Vulkan erahnte, im Blattgold der Zwanziger die Katastrophe der Dreißiger spürte. Als Indikator seines
seismographischen Vermögens wäre das ›Dritte Streichquartett op. 30‹ zu nennen, das er innerhalb weniger Wochen komponierte: im Februar und März 1927, einem Auftrag der New
Yorker Mäzenin Elizabeth Sprague Coolidge folgend. Das Werk
zog zahlreiche Analysen und Kommentare nach sich. Man verwies auf die eigenwillige Binnenstruktur der zugrundegeleg-
ten Zwölftonreihe, die sich nicht (wie meist) in zwei Mal sechs,
sondern in fünf plus zwei und wieder fünf Töne unterteile.
Man wunderte sich über das relativ strenge Ostinato des Kopf-

[Aber] die aesthetischen Qualitäten erschließen sich von da [vom Finden
der Reihen] aus nicht, oder höchstens nebenbei. Ich kann nicht oft genug
davor warnen, diese Analysen zu überschätzen, da sie ja doch nur zu
dem führen, was ich immer bekämpft habe: zur Erkenntnis, wie es *gemacht* ist; während ich immer erkennen geholfen habe: was es *ist*! Ich
habe das dem Wiesengrund schon wiederholt begreiflich zu machen versucht, und auch dem Berg und dem Webern. Aber sie glauben mir das
nicht. Ich kann es nicht oft genug sagen: meine Werke sind Zwölfton-
Kompositionen, nicht *Zwölfton*-Kompositionen.

An Rudolf Kolisch, 27. Juli 1932

satzes, weil es scheinbar das dodekaphone Wiederholungsver-
bot aushebele. Und man zitierte regelmäßig Schönbergs Brief
vom 27. Juli 1932 an seinen Schwager Kolisch (der das Werk 1927
zur Uraufführung gebracht und eine Analyse von ›op. 30‹ angefertigt hatte) – ein umfangreiches Statement, in dem der Komponist sich einmal mehr dagegen verwahrte, seine Musik auf
Reihentechnisches zu reduzieren. Obwohl es also eine Vielzahl
(meist) sorgfältiger Untersuchungen gibt, blieb eine äußerst pro-
minente Analyse von ›op. 30‹ bislang unterbelichtet: ein Kommentar, den Schönberg 1949 in seinen ›Bemerkungen zu den vier
Streichquartetten‹ abgegeben hatte. Er habe beim Komponieren
des ersten Satzes, führte er zunächst aus, immer an eine Illu-
stration zu Wilhelm Hauffs Märchen ›Das Gespensterschiff‹ denken müssen: Sie zeige den Kapitän dieses Seelenverkäufers, der
»von der meuternden Mannschaft mit dem Kopf an den Top-
mast genagelt worden war«. Er verstünde dieses Bild aber nicht
als Programm (mit dessen Hilfe, so darf Schönbergs Gedanke
wohl erweitert werden, das erwähnte Ostinato als Ausmalung
jenes Vorgangs interpretierbar wäre, bei dem die Matrosen den
Nagel durch den Schädel ihres Opfers treiben), sondern als »grausige Vorahnung« (!). Daß eine solche Vision aber nicht irgend-
einem mulmigen, undefinierbaren Gefühl entsprang, sondern
scharf umrissene Konturen hatte, deren Ränder vom »Mattsee-
Erlebnis« bis hin zu Hitler reichten, bekundet ›Der biblische Weg‹,
sein im Sommer 1927 vollendetes, dreiaktiges Schauspiel.

Ungeachtet der Ehre, im Februar des Jahrs zum »ordentli-
chen Mitglied der Preußischen Akademie der Künste« gewählt
worden zu sein (ein Vorgang, in dem man das trügerische Zeichen jüdischer Emanzipation hätte erblicken können), beschäftigte sich der Komponist in seinem einzigen Sprechdrama mit
dem künftigen Schicksal der Juden: Auf der Basis biblischer Su-
jets entwickelt er den Plan, den in alle Welt Versprengten eine

50 Gedankennoate zur zionisti-
schen Bewegung in der Handschrift
Arnold Schönbergs, 1933

Heimstatt zu verschaffen, ein »Ammongäa« genanntes Neu-
Palästina, das ihnen eine befriedete Existenz sichern sollte.
Der Held wie Motor des Geschehens verweist einerseits (etwa
dadurch, daß er als freier Schriftsteller eingeführt wird) auf
Theodor Herzl, den Vater des Zionismus und geistigen Paten
des »biblischen Wegs«. Andererseits gibt er – wie seinem (nur
einfach) verschlüsselten Namen »Max Aruns« zu entnehmen
ist – den Stab an die Titelfiguren eines der nächsten Schön-
berg-Werke weiter: an ›Moses und Aron‹, die Protagonisten der
gleichnamigen Oper. Wie feinmaschig die beiden Bühnenstük-
ke verwoben sind, mag musterhaft eine Äußerung Asseinos
belegen, der im ›biblischen Weg‹ die Interessen der jüdischen
Orthodoxie vertritt: »Max Aruns, Moses und Aron wollen Sie
in einer Person sein! Moses, dem Gott den Gedanken gegeben, aber die Macht der Rede versagt hat; und Aron, der den
Gedanken nicht fassen, aber wiedergeben und die Massen bewegen konnte.« Um die komplementäre Beziehung der unglei-
chen Gestalten in seiner Oper zu charakterisieren, verwendete
Schönberg ein schlichtes, aber dramaturgisch zündendes Mittel:
Während er Moses als Sprechrolle anlegte, verlieh er dem cha-
rismatischen Bruder die verführerische Macht des Gesangs,
legte er dessen Partie und den Nummern der volksvertreten-
den Chören die gleiche Zwölftonreihe zugrunde – im Vorgriff
auf den zweiten Akt, in dem Aron sich mit der vox populi ge-
mein macht, dem Drängen der an Moses zweifelnden Massen
nachgibt und das »Goldene Kalb« erschafft. Ungeachtet der vielen Bezüge differieren Schauspiel und Oper jedoch in ihrer thematischen Ausrichtung. ›Der biblische Weg‹ befaßt sich vornehmlich mit praktischen Fragen. Wo könnte ein jüdischer Staat
gegründet werden? Welche Verfassung sollte er haben? Gilt es,
den Sozialismus zu bekämpfen? In ›Moses und Aron‹ aber geht
es weit ausführlicher um Religiöses und Theologisches, näm-

51 Szene
aus ›Der bib-
lische Weg‹.
Zeichnung
von der
Hand Arnold
Schönbergs,
undatiert

lich um die Idee, die jüdische Volkswerdung könne man nur
durch das Begreifen des Gottesgedankens erreichen – durch die
Einsicht, dieser müsse abstrakt bleiben, da ihn jede Konkretisie-
rung einschränke (wie Schönberg es bereits anhand des zweiten seiner ›Vier Chorstücke op. 27‹ dargelegt hatte). Indem Aron
nun das »Goldene Kalb« modellierte, also an die Stelle Gottes
einen Götzen rückte, frevelte er zwar gegen das sogenannte
Bilderverbot, doch gab er dem Volk Zuversicht – ein unleug-
barer Erfolg, der Moses in tiefe Verzweiflung stürzte.

Nachdem die Komposition des zweiten ›Moses und Aron‹-
Akts im März 1932 abgeschlossen werden konnte, schlugen in
der Folge alle Versuche fehl, auch die Vertonung des dritten zu
betreiben. Einige Exegeten interpretierten diesen Sachverhalt
so, als habe sich Schönberg, indem er ein Fragment hinterließ,
mit dem unglücklichen Moses solidarisieren wollen. Andere
kommentierten diesen Umstand mit dem Verweis, der Meister
hätte erkannt, mit der Oper gescheitert zu sein, weil seine
Musik ja selbst den göttlichen Gehalt der biblischen Erzählung
nachzubilden gedächte. Doch werden diese eleganten Deutun-
gen durch das jahrelange, indes vergebliche Bemühen Schönbergs relativiert, Mäzene zu finden, deren finanzielle Unter-
stützung ihm die Vollendung der Oper gestatten sollte.

Das Libretto zu ›Moses und Aron‹ hatte Schönberg schon im
Laufe des Sommers und Frühherbstes 1928 abschließen können:
in südlichen Gefilden, in Roquebrune, Cap Martin, an der
französischen Riviera, im Pavillon Sévigné. Dort Urlaub zu
machen, witzelte er (in einem Brief vom 18. Juni 1928 an Kestenberg), habe den Vorzug, »die Sprache noch weniger gut
zu verstehen, als das, was man hierzulande so nennt; und wo
ich in der Lage bin, mir ganz anderes zu denken, als man zu mir
sagt«. Schönbergs legerer Ton konnte aber nicht über seinen
schlechten Gesundheitszustand hinwegtäuschen. Dieser zwang

Unvorstellbarer Gott! Unaussprechlicher, vieldeutiger Gedanke! Läßt du
diese Auslegung zu? Darf Aron, mein Mund, dieses Bild machen? So habe ich mir ein Bild gemacht, falsch, wie ein Bild nur sein kann! So bin ich
geschlagen! So war alles Wahnsinn, was ich gedacht habe, und kann und
darf nicht gesagt werden! O Wort, du Wort, das mir fehlt!

Aus ›Moses und Aron‹, 1928

ihn nicht nur, seinen Sommerurlaub bis ins Jahr 1929 auszu-
weiten, sondern hinderte ihn zudem, der Uraufführung seiner
in Roquebrune vollendeten ›Variationen für Orchester op. 31‹
beizuwohnen, die am 2. Dezember 1928 mit den Berliner Philhar-
monikern unter der Leitung Wilhelm Furtwänglers stattfand.

Die asthmabedingte Notwendigkeit, den nordischen Winter
zu meiden, brachte indes auch Vorteile mit sich. So blieb es
dem Komponisten erspart, jenen Skandal mitzuerleben, den
ein Teil des Publikums entfesselte, obwohl Furtwängler und
seine Kombattanten äußerst engagiert musizierten, und den
Radau anhören zu müssen, den einige trillerpfeifende Rüpel
veranstalteten. Fernab vom Berliner Getöse konnte Schönberg
die Zeit aber auch dazu nutzen, ein weiteres umfangreiches
Werk zu schaffen. In den ›Variationen‹ hatte er das Konzept
realisiert, mit Hilfe von zwölftönigen Organisationen ein aus-
gedehntes Orchesterstück zu schreiben, dessen stattlicher
Klangapparat ein Maximum an Farben produzieren sollte: an
Couleurs, die allerdings nicht Selbstzweck sein durften, sondern sinnstiftende Funktion zu übernehmen hatten (so tritt in
der vierten Variation, einer Art Walzer, zwar nahezu das voll-
ständige Instrumentarium auf, doch separiert es sich in Gruppen, deren Wechsel die Abschnitte des Tanzsatzes sinnfällig
markieren). Nun wandte sich Schönberg einer neuen Aufgabe
zu, schickte er sich an, reihentechnische Strukturen erstmals in
einem Bühnenwerk wirksam werden zu lassen: in dem ›Von
heute auf morgen op. 32‹ betitelten Einakter, dessen Libretto
offiziell von einem gewissen Max Blonda, in Wahrheit aber von
Gertrud Schönberg stammte.

Das Libretto zu ›Von heute auf morgen‹ war vermutlich im
Herbst 1928 auf den Weg gebracht worden, also noch an der
Riviera. Die Komposition beendete Schönberg während des fol-
genden Jahrs: seinen Usancen folgend im Sommerurlaub, der

Es [›Von heute auf morgen‹] ist eine heitere bis lustige, manchmal sogar
(ich hoffe wenigstens) komische Oper; nicht grotesk, nicht anstößig, nicht
politisch, nicht religiös. Die Musik ist so schlecht wie immer bei mir:
nämlich meinem geistigen und künstlerischen Zustand angemessen.
An Heinrich Jalowetz, 18. April 1929

1929 durch den Besuch des niederländischen Badeorts Katwijk an Zee gekrönt wurde. Doch wider Erwarten (Schönberg hatte gehofft, sein ›op. 32‹ könne wie Ernst Kreneks ›Jonny spielt auf‹ oder Kurt Weills ›Dreigroschenoper‹ ein Publikumserfolg werden) blieb die erwünschte Resonanz aus. Weder die Uraufführung (am 1. Februar 1930 im Frankfurter Opernhaus) noch die Berliner Premiere (am 27. Februar in der »Funk-Stunde« von Radio Berlin), von der sogar Schallplatten angefertigt wurden, konnte eine erwähnenswerte Zahl von Anhängern gewinnen. War das Auditorium nicht in der Lage, die Oberflächenspannung des Spiels zu goutieren, die aus der Verzahnung vom Plauderton der Dialoge und der ambitionierten Faktur der Musik resultierte? Oder fühlte es sich schlichtweg unbehaglich, weil es ahnte, daß hinter dem dargestellten Desaster en famille (ein Mann kokettiert mit einer Lebedame, weil er in seiner Ehefrau nur noch das Hausmütterchen sieht) sich ein künftiges, weitaus größeres verbarg? Und daß hinter den lächerlich anmutenden Wörtern »Liebste, der Gasmann ist draußen! Kommt der jetzt mitten in der Nacht?« (so der »Mann« zur »Frau«) die Apokalypse lauerte? Spuren zu einem derartigen Werkverständnis legte Schönberg jedenfalls selbst, indem er Wilhelm Steinberg, dem Dirigenten der Uraufführung, am 4. Oktober 1929 erklärte, »daß hinter der Einfachheit dieser Vorgänge sich einiges versteckt: daß an der Hand alltäglicher Figuren und Vorgänge gezeigt werden will […]«.

Vorzeichen kommender Katastrophen mag man auch in Schönbergs 1930 publizierten Werken sehen: in der zwischen Dezember 1929 und Februar 1930 entstandenen ›Begleitmusik zu einer Lichtspielszene op. 34‹ (am 6. November 1930 unter der Leitung Otto Klemperers in der Berliner Kroll-Oper uraufgeführt) und den im April vervollständigten ›Sechs Stücken für Männerchor op. 35‹ auf Texte des Komponisten (am 24. Okto-

---

Es war eine Periode tiefster Depression, als ich mich plötzlich von einer Verehrerschar umringt, eingeschlossen, belagert sah, die ich nicht verdient habe. Ich habe sie überwunden, ausgehungert; zu Tode geernstet; zum Selbstmord moralisiert – sie sind abgefallen von mir, wie eine faule Frucht – ich bin sie los! Wie wohl das tut! Endlich wieder allein!

Aus ›Endlich allein‹, 1928

ber 1931 vom »13er Quartett der AGV Vorwärts« in Hanau uraufgeführt). Die ›Begleitmusik‹ präsentiert zwar das bekannte
cineastische Arsenal, Pizzicati, Tremoli, hämmernde Rhythmen,
jagende Triolen und schrille Klänge, entzieht sich der Funktio-
nalisierung aber durch ihre Komplexität, hebt (wie schon die
Abschnittsbezeichnungen ›Drohende Gefahr‹, ›Angst‹ und ›Katastrophe‹ suggerieren) weniger auf konkrete Drehbuchsitua-
tionen ab als auf die allgemeine Schilderung von Emotionen:
Sie kommentiert keine Bilder, sondern scheint selbst Bild zu
sein – Hörbild erlittener wie gefürchteter Verwundungen. Von
Momenten des Schaurigen werden auch die ›Sechs Stücke‹
durchzogen. In der fünften Nummer (sie trägt die Überschrift
›Landsknechte‹) gebärdet sich der Chor lautmalerisch plap-
pernd wie ein Männergesangverein, in dem B-Dur und Bier-
dunst eine unaufkündbare Koalition eingegangen sind. Die
Zwölftönigkeit enttarnt dieses Gehabe jedoch als schäbige Ku-
lisse, als vergeblichen Versuch, Halt und Mut zu finden. Schließlich macht sich gegen Ende des Chorsatzes denn auch blankes
Entsetzen breit: »Oho, es riecht nach Blut? / Nach unserm Blut
und Fleisch. / Also dorthin gehts? / Werden wir jetzt schon ge-
schlachtet? / Man sollte fliehen: / Man ist gelähmt!«

Am 14. September 1930 fanden die Reichstagswahlen statt:
Die Nationalsozialisten konnten die Zahl ihrer Mandate nahezu um das Zehnfache steigern, von zwölf auf 107. Spätestens
jetzt wurde die von ihnen betriebene Radikalisierung der Politik spürbar. Spätestens jetzt begann aber auch das Wort Klimaveränderung einen Doppelsinn für Schönberg zu bekommen.
Wenn er nun von Berlin aus gen Süden reiste, hatte er nicht
nur im Kopf, sich in milderer Luft zu rekreieren, sondern war
er auch von dem Wunsch beseelt, aus der Reichshauptstadt
mit all den Nazi-Aufmärschen, antijüdischen Haßparolen und
Straßenkämpfen flüchten zu können. Auf seine berlinbedingte

Nur eines möchte ich sofort sagen: für eine Aufführung in Wien würde
ich ein neues Werk nicht hergeben. Ich bin nämlich der einzige Komponist, der irgend einen Namen hat, den die Philharmoniker bisher noch
nicht aufgeführt haben. Und dabei soll es bleiben!
An Wilhelm Furtwängler, den Uraufführungsdirigenten
der ›Variationen für Orchester op. 31‹, 30. Mai 1928

»Depression« verweisend, offenbarte Schönberg dem Freund Alban am 23. September 1932: »Ich weiß natürlicherweise auch ohne die nationalen Winke, die man in den letzten Jahren empfangen hat, wohin ich gehöre. Nur vollzieht sich ein solcher Ortswechsel nicht so leicht, als man sich es vorstellt.«

Der hier nur ins Kalkül gezogene, bald aber realisierte Ortswechsel ging keineswegs überhastet über die Bühne, sondern vollzog sich gewissermaßen in Raten: Aus Gründen, die man psychosomatisch nennen könnte (ohne ihr Gewicht reduzieren zu wollen), weil sie einerseits medizinisch indiziert waren, andererseits mit dem politischen Verhältnissen in Deutschland zusammenhingen, die auf das Asthma sicher nicht ohne Einfluß blieben, verlängerte Schönberg Jahr für Jahr seine Abwesenheiten von Berlin – unter voller Ausschöpfung (nicht Verletzung) der ihm vertraglich zustehenden Rechte. 1930 kurte er von April bis Mai in Baden-Baden (hier begegnete er dem geschätzten, als »Meister« titulierten Franz Lehár, dem er einen Klavierauszug zu ›Von heute auf morgen‹ übereignete). Von Juli bis September regenerierte er sich in Tirol, genauer gesagt Meran, und im schweizerischen Lugano (hier empfing er Berg und Zillig). 1931 beehrte er die Eidgenossen ein zweites Mal, indem er von Mai bis September in Montreux logierte. Weil das Wetter für die dortigen Verhältnisse außergewöhnlich schlecht war, begab er sich anschließend nach Barcelona: auf Anraten seines in Spanien geborenen Schülers Roberto Gerhard, der in der katalanischen Hauptstadt als Musikerzieher lebte und dem Lehrer eine schöne Wohnung vermittelte – in der Bajada de Briz 14, mit Blick über das Mittelmeer. Da die erhoffte gesundheitliche Verbesserung nur langsam eintrat (in Barcelona blieben die Temperaturen ebenfalls weit unter den

In Spanien war er [Schönberg] ein ganz anderer Mensch. In Mitteleuropa lebte er auf einem Piedestal, und um ihn herum war ein Art von Niemandsland; in seiner herrlichen Einöde schien er für Außenstehende unzugänglich zu sein. Als er nach Spanien kam, verschwand all das. Kein Piedestal mehr. Er bewegte sich auf geradem Boden. Menschen in Spanien zu treffen […] muß für ihn ein ganz neues Erlebnis gewesen sein. Es war eine phantastische Änderung des sozialen Klimas. […] Die Menschen zeigten Interesse an ihm, sehr starkes, spontanes Interesse, und Hochachtung für den Menschen. Es war seine natürliche menschliche Würde, die sie anzog. Schönbergs Gesicht hatte sich verändert, es war das Gesicht eines glücklichen Menschen. Er strahlte vor Glück. *Roberto Gerhard, 1965*

üblichen, ließ sich die Sonne kaum blicken), war Schönberg gezwungen, Berlin länger als geplant fernzubleiben: Sein Arbeitsvertrag gestand ihm die Möglichkeit, Urlaubs- und Unterrichtsmonate nach eigenem Gutdünken zu kumulieren, ja auch explizit zu. Dennoch wurden in der Reichshauptstadt nun Vorwürfe laut, er vernachlässige die ihm übertragenen Aufgaben. Besorgt ermahnte ihn Kestenberg (wohl weil er hinter diesen Attacken antisemitische Kampagnen vermutete), möglichst bald nach Berlin zu kommen und den Kritikern Paroli zu

52 Schönberg auf der Bajada de Briz, 1931

bieten. Angesichts der ärztlichen Warnungen war Schönberg indes nicht willens, noch während des Winters in den Norden zurückzukehren und so seine nur mühsam stabilisierte Gesundheit zu riskieren. Erst Anfang Juni 1932, nach einer Frist von mehr als einem Jahr, traf er wieder in der Reichshauptstadt ein – nach einem am 24. Mai verfaßten, ebenso verzweifelten wie vergeblichen Appell an den New Yorker Mäzen Joseph Asch, dieser möge doch Geld sammeln, damit er, Schönberg, Deutschland vorerst meiden könne: »Ich habe längere Zeit wegen meiner Gesundheit im Süden gelebt und würde mich aus diesem Grund, aber auch wegen der politischen Verhältnisse, nur sehr ungern entschließen, gerade jetzt nach Deutschland zurückzukehren. […] wollen Sie den Versuch ma-

> Dauernd läuft es einem bei der Musik kalt den Rücken rauf und runter. Es ist eigentlich eine ganz schreckliche Musik, mit ein paar *dolce*-Momenten, aber dieses Quartett am Ende ist doch der reine Horror. Schon als ich das Stück kennenlernte – ich habe ›Von heute auf morgen‹ vor vielen Jahren einmal in Wien im Radio gemacht […] –, da war meine Reaktion sofort: Das ist der Versuch – vielleicht der unbewußte Versuch – […] die *wirklichen* Widersprüche im Leben dieser Gesellschaft durch Musik zum Ausdruck zu bringen.   *Michael Gielen, 1996*

chen, einige reiche Juden zu bewegen, mich zu versorgen, damit ich nicht zu den Hakenkreuzlern und Pogromisten nach Berlin zurück muß?«

Daß Schönberg sich innerlich mehr und mehr sträubte, von seinen Kuraufenthalten in den kühlen Norden zu ziehen, ist verständlich. Schwer verständlich ist seine im Süden stets wiedergefundene Lebenskraft, seine immer wieder aufkeimende, bewundernswerte Zuversicht. Er trieb dort die schwierige Vertonung von ›Moses und Aron‹ bis zum zweiten Akt voran. Er brachte einen umfangreichen Vortrag zu Papier, den er eigentlich selbst halten wollte, dann aber – infolge einer Grippe – vorlesen lassen mußte: einen Kommentar zu seinen ›Orchesterliedern op. 22‹, die am 21. Februar 1932 uraufgeführt wurden (durch das Sinfonie-Orchester von Radio Frankfurt, Leitung Hans Rosbaud, und die Solistin Hertha Reinecke, die das Werk mit Zillig, ihrem Ehemann, einstudiert hatte). Er vertiefte das freundschaftliche Arbeitsverhältnis zu Pablo Casals, dem Cellisten und Dirigenten, der seinerzeit in Barcelona residierte und mit seinem berühmten Orchester einige Werke des Komponistenkollegen interpretierte. Er dirigierte daselbst im April 1932 seinen ›Pelleas‹. Er schrieb Liebesgedichte für seine Frau: »Mein geliebter Engel, / Du hast den alten Bengel, / von sechsundfünfzig Jahren, / mit ohne langen Haaren / beschenkt mit vielen Gaben [...]« Und er zeugte eine Tochter,

wie um mit einem Lichtstrahl die herabsinkende Finsternis zu vertreiben. Am 7. Mai 1932, in Barcelona, brachte Gertrud Schönberg das Mädchen zur Welt. Es erhielt den Namen Dorothea Nuria.

53 Das Ehepaar Schönberg mit der Tochter Dorothea Nuria in Arcachon, Foto, 1933

Schoenberg
Ein Licht ist gesät

Am 14. und 15. Januar 1933 vertonte Schönberg, wieder in Berlin, das Gedicht ›Sommermüd‹. Autor der Verse war Jakob Haringer, der sich 1919 den Revolutionären der Bayerischen Räterepublik angeschlossen hatte, 1926 den Kleist-Preis erhielt, ab 1928 beim renommierten Paul Zsolnay Verlag veröffentlichte – und 1936 aus der deutschen Staatsbürgerschaft entlassen wurde. Am 30. Januar 1933 ernannte Reichspräsident Paul von Hindenburg Adolf Hitler zum Reichskanzler. Am 9. Februar reiste Schönberg gen Düsseldorf, um sich die Schlußprobe oder/und die am 11. stattfindende Uraufführung von Winfried Zilligs Oper ›Die Rosse‹ (auf ein Libretto von Richard Billinger) anzuschauen. Vermutlich beriet er sich bei dieser Gelegenheit mit Jascha Horenstein, dem verantwortlichen Dirigenten, der als russischer Jude ebenfalls die Nationalsozialisten fürchten mußte. Möglicherweise empfahl er dem ›Rosse‹-Komponisten damals auch, wie erzählt wird, in Deutschland zu bleiben, um zu retten, was zu retten sei. Am 12. Februar hielt Schönberg, einer Einladung Hans Rosbauds folgend, im Frankfurter Sender den berühmten Vortrag ›Brahms, der Fortschrittliche‹, in dem er den Romantiker gegen seine konservativen Verehrer verteidigte. Am 15. Februar referierte er in Wien über ›Stil und Gedanke, oder neue und veraltete Musik‹ (die letzte offizielle Verlautbarung des Komponisten im deutschen Sprachraum). Zwischen dem 17. und 23. Februar vertonte er die Haringer-Gedichte ›Tot‹ und ›Mädchenlied‹ (»Es leuchtet so schön die Sonne, / Und ich muß müd ins Büro, / Und ich bin immer so

Wenn Du schon glaubst,
Es ist ewige Nacht –
Hat Dir plötzlich ein Abend
Wieder Küsse und Sterne
  gebracht.
Aus Jakob Haringer,
›Sommermüd‹, undatiert

traurig, / Ich war schon lang nimmer froh.«). Am 27. Februar
stand der Reichstag in Flammen. Die Nationalsozialisten nahmen den Brand zum Vorwand, ihre Hatz auf Andersdenkende
zu verstärken und die ersten Konzentrationslager einzurichten.
Am 18. März gab es in der Preußischen Akademie der Künste
eine Sitzung, in der man – unter der Ägide Max von Schillings',
ihres Präsidenten – verkündete, der jüdische Einfluß an der In-
stitution müsse gebrochen werden, Schönbergs Verbleib in ihr
sei unerwünscht. Am 20. März teilte der Attackierte den Leiten-
den der Akademie brieflich seine Empörung mit (»als man mich
berief, hatte man mich nicht aus dem Dunkel hervorgeholt,
mir keine unverdiente Ehre erwiesen«). Er füge sich zwar in
den nötigenden Vorgang, verzichtete allerdings nicht auf seine Rechte und Honoraransprüche. Am 7. April trat das Gesetz
zur Wiederherstellung des Berufsbeamtentums in Kraft, das
es den Völkischen erlaubte, »Nichtarier« aus dem öffentlichen
Dienst zu entlassen. Am 10. Mai verbrannten nationalsozialistische Studenten in Berlin und anderen Städten Bücher mißliebi-
ger Autoren, darunter Werke von Haringer. Am 16. Mai schickte Rudolf Kolisch ein Telegramm aus Florenz, in dem er den
Schönbergs eine sofortige Klimaveränderung empfahl. Am 17.
Mai reagierten Schwager und Schwester: Mit Töchterchen Nuria, Hund Witz und ein paar Gepäckstücken brachen sie um
21.36 Uhr von Berlin-Bahnhof Zoo auf, um in den Morgen-
stunden des nächsten Tags Paris zu erreichen. Am 23. Mai setzte von Schillings den »sehr geehrten Herrn Kollegen« Schönberg
ohne nähere Begründung davon in Kenntnis, daß er auf Veranlassung des zuständigen Ministeriums ab sofort »beurlaubt« sei.
Am 25. Mai meldete Schönberg sich bei seiner Schwester Ottilie, die in Berlin als Gattin des Librettisten Felix Blumauer lebte:
Er teilte ihr seine neue Adresse mit (Hotel Régina, Place Rivoli
2) – nebst der Bitte, ihm zwei Koffer zu schicken, die vorgepackt

Tot

Ist alles eins,
Was liegt daran,
Der hat sein Glück,
Der seinen Wahn.

Was liegt daran!
Ist alles eins,
Der fand ein Glück!
Und ich fand keins.

Jakob Haringer, undatiert

in der Berliner Wohnung stünden und Manuskripte wie Kleidung enthielten. Wenige Tage später löste sein Schwager (der sich unter dem Künstlernamen Oskar Felix, vor allem durch die Kooperation mit dem Komponisten Walter Wilhelm Goetze, einen guten Ruf erworben hatte) das Domizil seiner Verwandten endgültig auf. Der Zuverlässigkeit Blumauers, aber auch dem organisatorischen Geschick Schönbergs war es zu danken, daß der Umzug verlustlos vonstatten ging. (Auf dem Weg ins Exil sollten nur die ›Haringer-Lieder‹ im Meer der Manuskripte untertauchen, bis der Komponist sie wieder an die Oberfläche holte, nur wenige Jahre vor seinem Tod, und sie zum ›op. 48‹ erklärte.) Am 24. Juli dann rekonvertierte Schönberg zum Judentum – unter der Obhut von Louis Germain Levy, dem Rabbiner der liberalen israelitischen Union zu Paris, im Beisein des Malers Marc Chagall, der als Zeuge zugegen war.

Die maschinenhafte Zwanghaftigkeit, mit der die Nationalsozialisten von ihnen für unwert erachtete Menschen zermalmten, vergasten, verseiften, die Emotionslosigkeit, mit der all dies geschah, muß immer wieder schockieren. Schönberg wäre indes nicht er selbst gewesen, wenn er ihre Verbrechen kampflos hingenommen hätte. Als Jude und streitbarer Komponist war er im Widerstand geschult. Nun weitete er ihn auf die Politik aus, wie er am 4. August 1933 Anton Webern mitteilte: »Ich habe mich […] definitiv von dem gelöst, was mich an den Okzident gebunden hat. […] ich bin entschlossen – wenn ich für solche Tätigkeit geeignet bin – nichts anderes mehr zu machen als für die nationale Sache des Judentums zu arbeiten.« Letzteres bedeutete für Schönberg vornehmlich, mit literarisch-journalistischen oder rhetorischen Waffen zu fechten.

So kritisierte er in einem Aufsatz 1933 Albert ›Einsteins falsche Politik‹, weil der Physiker durch antideutsche Äußerungen die

Ich weiß nicht, was mich gerettet hat; wieso ich nicht ertrank oder bei lebendigem Leib gesotten wurde ——— Ich habe vielleicht nur ein Verdienst: ich gab niemals auf. […] niemand war da, der mir beistand, und wenige gab es, die mich nicht gerne hätten unterliegen sehen. Ich sage nicht, daß es Neid war —— was gab es da zu beneiden? […] Es mag der Wunsch gewesen sein, diesen Alpdruck loszuwerden, diese disharmonische Tortur, diese unverständlichen Ideen, […] allerdings habe ich nie verstanden, was ich Ihnen [sic!] getan hatte, sie so boshaft, so wütend, so fluchend, so aggressiv zu machen.

An das National Institute of
Art and Letters New York, 22. Mai 1947

Lage seiner Schicksalsgefährten verschlechtert habe: Man solle weniger gegen den Antisemitismus der Nationalsozialisten kämpfen als vielmehr für die Gründung eines eigenen Staats. Einige Monate später appellierte er (in seinem Vortrag ›Die jüdische Situation‹), die Jugend möge eine »Neue jüdische Partei der Einheit« gründen, in der weder monarchistische noch republikanische, weder demokratische noch kommunistische, sondern »nur die jüdischen Interessen beachtet werden dürfen«. Außerdem schickte er (im Mai) eine Kopie des ›biblischen Wegs‹ an Max Reinhardt – in der Hoffnung, der Regisseur würde sein Drama inszenieren: Auf diese Weise, so glaubte er, könne man zahlreiche noch zögernde Juden für die Staatsidee mobilisieren. (Eigenartigerweise blieb der Vorstoß erfolglos, obwohl Reinhardt 1937 ein ähnliches Projekt realisierte: ›The Eternal Road‹, ein biblisches Drama von Franz Werfel in der Vertonung Kurt Weills.) Und schließlich skizzierte Schönberg einen Plan, »so viel Geldmittel aufzubringen, daß eine *allmähliche Auswanderung der Juden aus Deutschland* dadurch bezahlt werden könnte«. Zu diesem Zweck solle man ein Flugzeug mieten, einen eigenen Rundfunksender einrichten, Plattenaufnahmen seiner Reden sowie Tonfilmaufnahmen anfertigen – und ihn zum Aktivisten bestimmen: »Ich bringe das Opfer meiner Kunst für die Sache des Judentums. […], denn mir ist nichts höher als mein Volk.«

Widerstand leistete Schönberg aber ebenfalls als Privatmann, indem er schlicht und einfach nicht aufgab, nach vorn dachte. Sein nahezu unerschütterlicher Pragmatismus führte – noch im Sommer 1933 – zum Ortswechsel von Paris ins nahe Bordeaux gelegene Arcachon (Villa Strésa, Avenue Rapp): einerseits weil man dort billiger als in der Kapitale leben konnte, andererseits weil ihm die atlantische Luft besser bekam. Sein Überlebenswille äußerte sich aber auch in der Tatsache, daß er als Unternehmer seiner selbst aktiv blieb. Er korrespondierte am 22. Sep-

54 Albert Einstein (1879–1955) kämpfte von den USA aus gegen den Nationalsozialismus. Seine antideutschen Äußerungen kommentierte Schönberg mit den Worten: »Herr Einstein, der im Ausland sitzt, hat schon einmal die Juden geopfert, die in Deutschland bleiben müssen.«

tember 1933) mit Pablo Casals, um mit ihm die Uraufführung des ›Konzerts für Violoncello und Orchester‹ (nach einem Cembalokonzert von Matthias G. Monn) anzubieten. Er vollendete in Arcachon das ›Konzert für Streichquartett und Orchester‹ (nach dem ›Concerto grosso op. 6, Nr. 7‹ von Georg Friedrich Händel). Und er verpflichtete sich am 5. September 1933, eine neue Stelle

als Kompositionslehrer anzutreten: in Boston, an einem gerade erst durch Joseph Malkin, den vormaligen Cellisten der Berliner Philharmoniker, etablierten Konservatorium.

Auch wenn Schönberg in Boston nicht das erhoffte Gehalt bekam, er sich über den unerhörten Vorgang entrüstete, per Einschreiben vom 18. September zu erfahren, sein Vertrag mit der Preußischen Akademie der Künste sei einseitig und unrechtmäßig gelöst worden, auch wenn er gelegentlich zu verzweifeln schien (»heute, wo man nicht weiß, ob man vielleicht nicht in Wirklichkeit noch weniger ist als der letzte Dreck«, so am 23. September an Zillig), vermittelte er in jenen Wochen keinesfalls das Bild eines gebrochenen oder gar haltlosen Menschen. Vielleicht gab ihm ja die Gewißheit Kraft, mit dem Wiedereintritt in die jüdische Glaubensgemeinschaft einen wichtigen Teilabschnitt des »biblischen Wegs« zurückgelegt zu haben. Mit Sicherheit aber stützte ihn die Familie: Die von der Überfahrt in die USA erhaltenen Fotos (die Reise auf dem Passagierschiff *Ile de France* dauerte vom 25. bis 31. Oktober 1933) mit Mutter wie Vater an der Seite und der pausbäckigen, ein wenig skep-

55 Joseph Malkin (1879–1969), Foto, undatiert

tisch in die Neue Welt blickenden Nuria in der Mitte, lassen ein
hohes Maß an Harmonie spüren. Zur Güte dieser Familienpor-
traits wird der Humor Gertrud Schönbergs nicht unerheblich
beigetragen haben. Jedenfalls gewann sie der Schiffsreise durchaus komische Momente ab, wie ihre ›Notizen zu einer geplan-
ten Biographie‹ verraten: »Schönberg bekam als Künstler eine
Karte zum halben Preis, ich zahlte ein Viertel, Nuria reiste um-
sonst – nur Witz, der Hund, zahlte den vollen Preis.«

Auf einer Postkarte vom 16. September an Fritz Stiedry hatte
der Komponist erstmals mit Schoenberg gezeichnet – eine den
Amerikanern entgegenkommende Schreibweise, der er künftig
treu blieb. Und auch auf anderen Gebieten mußte er sich dem
Lebensstil des Gastlands anpassen: vor allem dessen professio-
neller Wendigkeit und Mobilität. Kaum angekommen, gab er
sein erstes Rundfunk-Interview (19. November), in dem er sein
pädagogisches Credo sowie seine kompositorische Entwicklung
erläuterte. Kaum angekommen, mußte er gleich zwei Wohnungen anmieten, da er nicht nur in Boston, sondern auch in New
York zu unterrichten hatte: Seine Wahl fiel hier auf eine Suite im
Ansonia Hotel, Broadway, Ecke 73. Straße, und dort auf ein Ap-
partement in einer modernen Wohnanlage, dem Haus Nr. 1284,
genannt Pelham Hall. Kaum angekommen, vereinbarte er, Mitte
Januar 1934 drei Konzerte mit dem Boston Symphony Orchestra
zu dirigieren, kam er mit dessen Chefdirigenten Sergej Kussewitz-
ky überein, ausschließlich eigene Werke (die Orchesterbearbei-
tung von Johann Sebastian Bachs ›Präludium und Fuge Es-Dur‹,
›Pelleas und Melisande‹, ›Verklärte Nacht‹) zu programmieren.

The American way of life – er
warf jedoch auch Schlagschat-
ten, forderte immer wieder
Tribut. Es war nicht nur die
anfängliche Schwierigkeit mit

56 Das Ehepaar Schönberg mit
dem Hund Witz, Foto, 1933

dem Englischen, unter der Schönberg litt. Es war auch die ent-
täuschende Erfahrung mit dem Malkin Conservatory, das zwar
mit prominenten Dozenten aufwartete (dem Lehrkörper gehörten etwa der Pianist Egon Petri und der Musiktheoretiker Ni-
colas Slonimsky an, während Namen wie Arthur Fiedler, Ernest
Bloch oder George Gershwin im künstlerischen Beirat zu finden
waren), sich aber so nah an der Harvard University sowie der
ältesten Musikhochschule der USA nur mühsam behaupten
konnte und dem Komponisten folglich weniger Studenten als
erhofft vermittelte. Zu den widrigen Umständen zählte auch,
daß Schönberg zwischen den Unterrichtsorten zu pendeln hatte und anstrengende Stunden in überhitzten Zügen, ferner er-
hebliche Klimawechsel hinnehmen mußte – eine große Belastung für den nicht mehr jungen Asthmakranken. Die Quittung
kam prompt: Am 12. Januar 1934, unmittelbar vor dem ersten
Konzert mit den Bostoner Sinfonikern, erlitt er einen so heftigen
Hustenanfall, daß ihm ein Rückenmuskel riß und man die be-
vorstehenden Veranstaltungen ausfallen lassen mußte.

Obwohl er wochenlang Schmerzen hatte, bahnte sich nun eine
Wende zum Positiven an. Am 3. Februar referierte er an der
Universität von Chicago erstmals öffentlich über seine Methode
des »Composing with Twelve Tones«. Am 8. und 9. Februar
interpretierte er mit dem dortigen Symphony Orchestra eigene Werke, so die ›Orchesterstücke op. 16‹. Am 11. Februar leitete er im ortsansässigen Arts Club eine Aufführung der
›Kammersymphonie op. 9‹. Mitte März konnte er die abgesagten
Konzerte mit dem Boston Symphony Orchestra nachholen. Und
als Ende Mai 1934 die Verträge mit Malkin ausliefen, war er so
situiert, daß er den Sommer mit der Familie in Chautauqua
verbringen konnte, einem im westlichen Teil des Staats New
York gelegenen Erholungsort. Dort unterrichtete der Komponist allerdings nicht an der traditionsreichen Summer School

Ich glaube, was wir heutzutage in der Musik brauchen, sind nicht so sehr
neue Methoden der Musik wie Menschen von *Charakter*. Keine Talente.
Talente sind da. Was wir brauchen, sind Menschen, die den Mut haben,
auszudrücken, was sie fühlen und denken.
Aus der ersten Rundfunksendung auf amerikanischem Boden,
19. November 1933

(an der bereits Größen wie Mark Twain oder Theodore Roose-
velt gelehrt hatten), sondern nutzte die Gelegenheit, um zu
relaxen oder dem geliebten Tennisspiel zu frönen.

Von den Lasten des Alltags befreit, fand Schönberg auch die
Muße, neue Bekanntschaften zu schließen. So freundete er sich
mit Ernest Hutcheson an: einem Pianisten, der in Leipzig studiert
hatte, später die Klavierabteilung der Chautauqua-Sommerschu-
le betreute und nun die New Yorker Julliard School leitete. (Das
wenig später erfolgte Angebot Hutchesons, hier einen Lehrauf-
trag anzunehmen, lehnte der Komponist schweren Herzens ab,
da ihn der weitere Verbleib im rauhen Klima der Ostküste förmlich umgebracht hätte.) Ebenfalls auf dem Tennisplatz begegnete
Schönberg dem jungen Martin Bernstein: einem Dirigenten, der
an der New York University dozierte. Bernstein wies den Älteren auf den hohen Rang hin, den die amerikanischen Hochschul-
orchester im Kulturleben des Lands einnähmen, und regte ihn so
an, nach vierjähriger Abstinenz (wenn man von den ›Sechs Stük-
ken für Männerchor op. 35‹ ausgeht) wieder eine umfangreichere
Originalkomposition zu vollenden: die ›Suite für Streichorchester‹. Um dem Zielpublikum, nämlich Studierenden der Musik
und ambitionierten Laien, gerecht zu werden, griff Schönberg
bei ihr wieder einmal auf althergebrachte Formen zurück: so
auf die Ouvertüre à la Lully (zwei langsame Rahmenteile im
punktierten Rhythmus umschließen einen raschen, fugierten
Abschnitt) und die zweiteiligen Barocktänze Menuett, Gavotte
und Gigue. Zudem verzichtete er auf jede Art von Zwölftönigkeit
oder Atonalität. Allerdings glich er diese regressiven Momente
aus, indem er die ›Suite‹ gewissermaßen von ihrem Kern her
modernisierte – mit Hilfe kühner Modulationen, raffinierter Kon-
trapunktik und einer Vielzahl kolorierender Spieltechniken.

Zu den Bekannten, die Schönberg im Sommer 1934 gewann,
gehörte auch Carl Engel, Komponist und Musikwissenschaft-

Ja: eine nationale jüdische Musik zu schaffen ist eine heilige Aufgabe und
besonders interessant für die Juden, die in großer Zahl sowohl früher als
auch in unseren Tagen dazu beigetragen haben, daß die arische Musik so
vollkommen wurde, wie sie heute ist, denn wir können unsere geistige
Überlegenheit zeigen, indem wir diese neue jüdische Musik schaffen.

Aus ›Die Jüdische Situation‹, 1933

ler, der in Straßburg und München studiert hatte, seit 1932 als
Präsident des Musikverlags G. Schirmer in New York fungierte, als solcher die ›Suite für Streichorchester‹ (und später weitere Werke) unter Vertrag nahm und sich künftig als einer der
engagiertesten Fürsprecher des Komponisten erweisen sollte.

Am 13. September, noch immer in Chautauqua, feierte Schönberg seinen 60. Geburtstag: mit sich und den näheren Umständen – trotz der politischen Großwetterlage – leidlich zufrieden.
Er hatte einen erholsamen Sommerurlaub hinter sich. Konnte
sich an seiner prächtig gedeihenden Tochter erfreuen. War gerührt, als ihn die von Berg und Webern besorgte Festschrift
›Arnold Schönberg zum 60. Geburtstag‹ erreichte, an der sich
zahlreiche Schüler und Kollegen beteiligt hatten. Entnahm ihr,
daß Berg ihm seine noch in Arbeit befindliche Oper ›Lulu‹
zugeeignet hatte. Freute sich auf Kalifornien, das man zum
neuen Wohnort erkoren hatte, des milderen Klimas wegen.

Er zog am 25. Oktober nach Los Angeles, Hollywood: in ein
gediegenes Haus, Canyon Cove 5860, das auch in Mitteleuropa
hätte stehen können. Besichtigte die Umgebung: gemeinsam mit
seiner Frau, die ihn im ersten eigenen Automobil chauffierte.
Nahm derweil den mittellosen John Cage als Privatschüler an,
unentgeltlich, sich ausbedingend, daß dieser sein »Leben der
Musik widme«. Gratulierte Alban Berg per Brief vom 22. Januar 1935 zu dessen 50. Geburtstag, legte ihm den eigens komponierten Kanon ›Darf ich eintreten?‹ bei sowie einen persönlich auf Schallplatte gesprochenen Gruß. Gestand dem Freund:
»Es ist jetzt so viel Ekelhaftes los in der Welt, daß ich drin-
gend Eures, meiner Freunde festen Glaubens bedarf, um Widerstand zu leisten.« Gab an der USC, der University of Southern
California, ein sechswöchiges Kompositionsseminar. Erhielt im
Anschluß, am 1. Juli 1935, von der nämlichen Alma mater einen
Kontrakt für das Studienjahr 1935/36 (mit 3000 Dollar achtbar

Die Kleckse in dieser Partitur
sind Klemperers Schweißtropfen.
Anmerkung im Autograph der
›Suite für Streichorchester‹, die
Otto Klemperer am 18. Mai 1935
mit dem Los Angeles Philharmonic
Orchestra zu Uraufführung
brachte

Wenn Du eine Ahnung hättest,
wie schön es hier [Los Angeles]
ist! Das ist die Schweiz, die Riviera, der Wienerwald, die Wüste,
das Salzkammergut, Spanien, Italien – alles ist hier auf einem Platz
zusammen. *An Anton Webern,*
13. November 1934

dotiert). Dirigierte am 27. Dezember das Los Angeles Philharmonic Orchestra – in einem Konzert, das dem eigenen Œuvre vorbehalten war (der ›Suite für Streichorchester‹, der ›Ersten Kammersymphonie‹ und der ›Verklärten Nacht‹). Erfuhr über die Universal Edition, daß Berg am 24. Dezember im Wiener Rudolfsspital an den Folgen einer Blutvergiftung verstorben war.

Und entschloß sich zu einem letzten Freundesdienst, indem er Helene Berg antrug, den dritten Akt der ›Lulu‹ zu vollenden – ein Angebot, das die Witwe zwar dankbar annahm, dem Schönberg letztlich aber nicht entsprechen konnte: Einerseits verdeutlichte die Sichtung des Materials, daß dieses Vorhaben nur mit immensem Zeitaufwand zu realisieren war, andererseits konnte er sich nicht für die Figur des Bankiers erwärmen, den Frank Wedekind, literarischer Pate der ›Lulu‹, nicht frei von antijüdischen Untertönen gezeichnet hatte.

Gewiß, der Tod des Freunds führte zu einer sich verstärkenden Entwurzelung des »Heimatlosen«, ja wäre gar als Beginn einer künstlerisch-ideellen Vereinsamung interpretierbar. Aber noch wurden diese subtilen Vorgänge des Inneren durch äußere Ereignisse überlagert, hatte der Anfang in den USA seinen Zauber. Ihm muß zweifelsfrei das gesellschaftlich-künstlerische Leben in Los Angeles zugerechnet werden, das sein authentisches Gepräge durch das Neben- und Miteinander von Amerikanern wie (exilierten) Europäern, von kommerzieller Unterhaltung wie geistigem Suchen erhielt. Thomas Mann sollte hier ebenso zum Umgang der Schönbergs gehören wie Charlie Chaplin, Alma Mahler, Franz Werfel, Bertolt Brecht, Hanns Eisler und George Gershwin. Und es spricht für die Offenheit des Sechzigjährigen, für seine unorthodoxe Haltung, daß er sich mit Gershwin, dem weißen Sänger der schwarzen Seele Amerikas, »von heute auf morgen« verbrüderte. Er spielte mit ihm Tennis. Lern-

57 George Gershwin (1898–1937). »George Gershwin war einer der seltenen Musiker, für die Musik nicht eine Sache von grösserer oder geringerer Fähigkeit war. Musik war für ihn Luft die er atmete, Nahrung die ihn nährte, Trank der ihn erfrischte. Musik war das, was er fühlte, und Musik war das Gefühl das er empfand. Ursprünglichkeit dieser Art ist nur den Grössten verliehen und ohne Zweifel: Er war ein grosser Komponist.«

te ihn als gewandten Gesprächspartner schätzen, der seine, des älteren Kollegen Werke eifrig studierte – sowie als Komponisten, der populäre Gefühle ehrlich, natürlich in Musik bringen konnte. Ließ sich von ihm portraitieren. Und kam 1937 der traurigen Pflicht nach, des plötzlich an einem Gehirntumor Verstorbenen in einer Grabrede zu gedenken – sowie in einem Nachruf, der 1938 in dem von Merle Armitage edierten ›Gedenkbuch George Gershwin‹ erschien.

Mit dem Image des Wunderlands USA deckte sich auch, daß Schönberg im Dezember 1935 eine erstaunliche Offerte erhielt: Irving Thalberg (ein Repräsentant von Metro Goldwyn Mayer, der die ›Verklärte Nacht‹ überaus schätzte) versprach dem Komponisten ein fürstliches Salär, wenn er die Musik zu ›The Good Earth‹ schreiben würde, der Filmfassung von Pearl S. Bucks Chinaroman. Doch der Umworbene zeigte sich unbestechlich: Er forderte das Doppelte des großzügigen Honorarvorschlags (50 000 statt 25 000 Dollar) und brachte so das Projekt zu Fall.

Wenige Wochen nach der Weigerung, Hollywoods Traumfabriken zu beliefern, sah sich Schönberg erneut im Zentrum der Begehrlichkeiten. Die UCLA, die University of California, Los Angeles, das Konkurrenzunternehmen der kleineren USC, warb den Dozenten von dort ab: lockte mit einem größeren Gehalt (zunächst 4800 Dollar), Pensionsansprüchen, dem Professorentitel sowie der reizvollen, doch heiklen Aufgabe, das Department Musik erst einmal aufzubauen. Alle Bedenken an die Arbeitsbelastung zurückstellend, sich strikt an der Notwendigkeit orientierend, für seine Familie zu sorgen, unterschrieb der Komponist am 23. April 1936 den rasch ausgehandelten Vertrag, der später bis 1944 verlängert werden sollte.

58   George Gershwin malt das Portrait des Meisters, Foto, 1936

Simultan zu diesem Vorgang entschlossen sich die Schönbergs, ein günstiger gelegenes Domizil zu beziehen: das Haus
in Brentwood, 116 North Rockingham Avenue, das sie im Frühjahr 1936 zunächst mieteten, um es ein Jahr später auf Raten-
basis zu erwerben - eine Wohnstatt, in der Kunst und Leben
sich durchdrangen, musikalische Meisterwerke ans Licht be-
fördert wurden, aber auch das Lachen und Lärmen der Kinder den Raum durchhallte.

Schönberg pflegte die Manuskripte seiner Werke – nicht zuletzt das Autograph seines ›Vierten Streichquartetts op. 37‹ –
mit Anmerkungen zu versehen. Dort notierte er bei Takt 22:
»nach 10tägiger Pause fortgesetzt am 9.V. Umzug!« Für eine
Zwangspause sorgten aber auch höhere Mächte. Denn einige Tage später, in der Komposition bis Takt 206 vorangeschritten, sah
sich der Meister – mit einem Pfeil auf die Seitenzahl 13 verweisend – zu der Marginalie »hier wieder einen Tag stecken geblieben« veranlaßt. Ferner vertraute er dem Autograph an, daß
Elisabeth Sprague Coolidge, Auftraggeberin schon des ›Dritten
Streichquartetts‹, gleichfalls die Patronanz des ›Vierten‹ übernommen habe. Die Mäzenin finanzierte allerdings nicht nur die
Komposition, sondern auch die Uraufführung des ›Vierten
Streichquartetts‹, ja mehr noch: einen Zyklus von vier Konzerten (mit Kolisch samt seinen Kollegen, in der Josiah Royce Hall
der UCLA, 4.–8. Januar 1937), in der jeweils ein Schönberg-
Quartett mit einem der späten Quartette Ludwig van Beethovens kombiniert wurde – ein musikdramaturgisches Highlight,
liegt beiden Werkgruppen doch das Prinzip zugrunde, sämtliche
Gedanken aus einer motivischen Urzelle zu entwickeln, phan-
tastischen Reichtum mit strenger Konstruktion zu verbünden.

Etwa gleichzeitig mit dem ›Vierten Streichquartett‹ und ebenfalls schon in Brentwood vollendete Schönberg sein ›Violinkonzert op. 36‹ (dieses am 23. September, jenes am 26. Juli 1936).

Im Vierten Streichquartett op. 37 (1936) sind klassische Form-Modelle weiterhin erkennbar, doch greifen sie in jedem der vier Sätze ineinander
über. Außerdem […] tragen tonale Verbindungen in ihrer Gegensätzlich-
keit zu scharf akzentuierten Septimen- und Nonen-Motiven zum vorherr-
schend lyrischen Ausdruck des zentralen Largo-Satzes und vieler Episoden in den anderen Quartett-Sätzen bei.
Aus Peter Gradenwitz, ›Arnold Schönberg. Viertes Streichquartett, op. 37‹, 1986

In dessen Autograph bekannte sich der Komponist erneut zu seiner Zahlengläubigkeit: mit dem Hinweis, daß er – eben auf Seite 13 angelangt – für längere Zeit erkrankt sei. Im übrigen aber unterscheiden sich ›Konzert‹ und ›Quartett‹ wie Feuer und Wasser. Findet sich hier »Gefälliges« (Schönberg am 3. August an Sprague Coolidge), gibt es dort Häßliches (aufgerauhte, stellenweise ins Geräuschhafte übergehende Klänge). Begegnet man hier Erhabenem, Feierlichem (etwa im ›Largo‹), trifft man dort auf Brutales, Zerstörerisches (wie im Finale mit seinen unweigerlich Assoziationen an kriegerische Gewalt auslösenden Marschrhythmen). Doch auch innerhalb des ›Konzerts‹ sind Verspannungen und gegeneinander wirkende Kräfte zu registrieren. So haftet der Virtuosität, die Schönberg gemäß der Gattungstradition nicht nur anstrebte, sondern hochschraubte (er scherzte, man müsse einen sechsten Finger haben, um sein ›Konzert‹ zu spielen), nichts Spielerisches an. Vielmehr zeigt sie sich ständig bedroht, läuft sie stets Gefahr, wie eine Seifenblase an den Härten der thematischen Gedankenarbeit zu zerstäuben, die jedwede Konzession negiert. Als solle dargelegt werden, daß die Zeiten bürgerlichen Gepränges verweht seien, als könne man fortan auf hohle Gesten verzichten. Der überragende Geigenvirtuose Jascha Heifetz, dem Schönberg die Uraufführung angetragen hatte, mag dies beunruhigt haben: Er lehnte ab und machte so den Weg für seinen Kollegen Louis Krasner frei, der das ›Konzert‹ am 6. Dezember 1940 (mit dem Philadelphia Orchestra unter Leopold Stokowski) aus der Taufe hob.

Nach dem geschäftigen 1936 verlief das Jahr 1937 in relativ ruhigen Bahnen: Als Nebenprodukt der Streichquartett-Serie mit Kolisch und Co. ergab sich eine private Plattenaufnahme der Schönbergschen Kammermusiken. Zum 26. Mai verschickten Arnold und Gertrud eine elegant gedruckte Karte, auf der sie die Ankunft ihres Sohns Rudolf Ronald vermeldeten. Im Sep-

---

Der letzte Satz ist ein Marsch. Formal ist er ein Rondo, in dem ein fröhliches und leicht faßliches Thema nach komplizierten Zwischensätzen, vom Ohr immer wieder freudig begrüßt, wiederkehrt. Allerdings ist es eine oft grimmige Fröhlichkeit, die diesen Satz beherrscht. Die Probleme des Satzes sind ganz ins Virtuose verlagert. Es dürfte wohl kaum ein anderes Konzert geben, in dem fast die Hälfte des Schlußsatzes aus Kadenzen besteht, in die – auch das ist eine Seltenheit – immer wieder dialogisierend das Orchester eingreift.
Winfried Zillig zu Schönbergs ›Violinkonzert op. 36‹, aus ›Variationen‹, 1959

tember, wenige Tage nach seinem 64. Geburtstag, konnte der nunmehr vierfache Vater die Komposition von Brahmsens »Fünfter« abschließen, wie er seine Orchestration von dessen ›Klavierquartett op. 25‹ nannte. Indes, ein Bitterton störte den Jahreskreis: Schönberg hatte gerüchteweise erfahren, möglicherweise von Louis Krasner, daß Webern mit den Nationalsozialisten sympathisiere. »Ist es wahr, dass [sic!] du Anhänger oder Mitglied der Nazi-Partei worden [sic!] bist?«, insistierte er am 20.Juni 1937: »Es gibt wenig, das mir mehr Freude bereiten könnte, als wenn du diese Frage mit nein beantwortetest.« Und Webern antwortete mit Nein, schrie es tonlos heraus (Brief vom 15.Juli), »Nein, Nein, Nein!!«, erfüllte somit die Bedingung, unter der ihm Schönberg sein ›Violinkonzert‹ hatte widmen wollen. Ob es ihm aufgefallen war, daß dieser die Anrede ›du‹ in seinem bohrenden Schreiben konsequent klein geschrieben hatte – entgegen sonstigen Gepflogenheiten? Und darf man man diesen Wechsel der Orthographie als Zeichen der Verunsicherung deuten, als Ausdruck des Zweifels an sich wie der Welt, die zu einem mundus perversus degeneriert war, in dem man zwischen Freund und Feind nicht mehr unterscheiden konnte?

Auf die trügerische Ruhe jener Monate folgte der Sturm von 1938: Die nationalsozialistische Leidkultur bekannte sich vor aller Welt zu ihrem Führungsanspruch, zeigte Profil. Am 12. März marschierten deutsche Militärs in Österreich ein. Einen

58 Schönbergs Kinder Nuria, Rudolf und der 1941 geborene Lawrence Adam mit ihrem Bernhardiner Snowy, Foto, um 1944

Tag später annektierten sie es. Mit Datum vom 15.März erhielt Schönberg einen Hilferuf aus Wien, ein Schreiben seines Cousins Hans Nachod, des Waldemars der ›Gurrelieder‹. Der Sänger erbat eine Bürgschaft, um in die USA flüchten zu können. Während der kommenden Monate setzte sich der Empfänger nicht nur für Nachod, sondern für Dutzende von Exilanten ein: uneigennützig, unter Vernachlässigung seines Schaffens und der eigenen, stets angespannten Finanzlage. Am 24. Mai eröffnete man in Düsseldorf die Ausstellung ›Entartete Musik‹. Absicht der Veranstaltung sei es, äußerte der federführende Hans Severus Ziegler, das Judentum »als Ferment der Dekomposition und als Verspotter aller deutschen Tugenden und Charaktergrundwerte« zu entlarven. Wenige Wochen später konnte Schönberg – nach längerem Bangen – zwei liebe Menschen in die Arme schließen: Trudi Greißle, seine Tochter aus erster Ehe, und ihren Mann Felix, denen in letzter Minute die Flucht aus Wien gelungen war. Am 1. August notierte der Rastlose die ersten Takte des ›Kol Nidre op. 39‹ für Sprecher, gemischten Chor und Orchester, das auf einer variantenreich überlieferten, jahrhundertealten jüdischen Melodie basiert. Ungeachtet des retrospektiven Moments schuf Schönberg hier ein Werk von größter struktureller Dichte, indem er die Zwölfton-Methode sozusagen auf die Sphäre der Tonalität zurückverlagerte, er das Thema (die besagte Melodie) folglich als Reihe auffaßte. So sei es ihm gelungen, erläuterte Schönberg dem Kollegen Paul Dessau am 22. November 1941, alles Sentimentale förmlich »wegzuvitriolisieren«. Mit Skepsis begegnete der Komponist auch dem traditionellen Text des Kol Nidre, obgleich dieser von einem Rabbiner vorgeschlagen worden war, nämlich von Dr. Jakob Sonderling aus Los Angeles. Schönberg hielt es schlichtweg für unmoralisch, daß dieses – zum Jom Kippur gehörende – Gebet die Gläubigen von sämtlichen Gelübden des Vorjahrs

Die Kaballa erzählt eine Legende: Am Anfang sagte Gott: »Es werde Licht.« Aus dem Raum brach eine Flamme hervor.

Gott zermalmte dieses Licht zu Atomen.

Myriaden von Funken sind in unserer Welt verborgen, aber nicht alle von uns erblicken sie. Der Selbstherrliche, der arrogant daherstelzt, wird niemals auch nur einen wahrnehmen; aber der Demütige und Bescheidene, mit gesenktem Blick, er sieht ihn.

»Ein Licht ist gesät für den Frommen.« ›Kol Nidre op. 39‹, Einleitung

entbinden sollte. Nachdem er sich aber vergewissert hatte, daß dem Kol Nidre ursprünglich die Funktion zukam, die im Spanien der Inquisition gewaltsam christianisierten Juden mit ihrem Gott zu versöhnen, freundete er sich mit den Worten an – zumal Sonderling ihm vorschlug, sie durch einen poetischen Prolog zu ergänzen, der den Gedanken der Versöhnung (auch der mit Andersgläubigen) akzentuierte: »Ein Licht ist gesät für den Frommen.«

Am 22. September 1938 beendete Schönberg die Reinschrift des ›Kol Nidre‹. Am 4. Oktober, am Vorabend des Jom Kippur, gelangte das Werk – liturgisch eingebunden – in der Synagoge von Los Angeles zur Uraufführung. Im gleichen Monat arbeitete Schönberg an seiner politischen Hauptschrift, dem ›Vier-Punkte-Programm zum Judentum‹, in dem er noch einmal für eine »jüdische Einheitspartei« und einen »unabhängigen Judenstaat« plädierte. Vom 9. auf den 10. November, in der Reichspogromnacht, kam es zu organisierten Überfällen der deutschen Nationalsozialisten auf jüdische Bürger, zu Brandschatzungen, Beschädigungen und Zerstörungen ihrer Wohnungen, Geschäfte wie Gotteshäuser. In den folgenden Wochen inhaftierten die Nationalsozialisten 30 000 Juden. Am 1. September 1939 überfiel die deutsche Wehrmacht Polen, begann der Zweite Weltkrieg. Am 12. September studierten Schönbergs amerikanische Eleven zwei Chorstücke aus Bachs ›Weihnachts-Oratorium‹ ein – sowie die Volksliedbearbeitung ihres Lehrers ›Schein uns, du schöne Sonne‹. Am 13. September brachten sie ihm damit ein Ständchen dar – zu seinem 65., im Garten des Brentwooder Hauses.

Der Ausbruch des Zweiten Weltkriegs belastete den Komponisten nicht allein, weil er um zahlreiche ihm nahestehende Menschen bangen mußte, sondern auch, weil das todbringende Geschehen die Kommunikation erschwerte, der direkte Draht zu Europa so gut wie gekappt war. Selbst der in Deutschland

Und so habe ich mich immer wieder durch meine persönlichen Erfahrungen verleiten lassen, zu glauben, es käme zu einer Besserung und immer wieder, auch bei anderen Hoffnungsblicken, wie bei dem Triumph der Lulusuite [den ›Fünf symphonischen Stücken aus Lulu‹ von Alban Berg] in Berlin [am 30. November 1934 unter Erich Kleiber], kam es dann nur zu Nackenschlägen und der darauffolgenden Depression. Immer wieder wenn man glaubt, endlich habe sich der Kulturvandalismus im moralischen

verbliebene Winfried Zillig, stets ein treuer Briefschreiber, der Schönberg noch im Sommer 1938 detailfreudig über seine berufliche Situation informiert hatte (schon damals nicht ungefährlich), stellte nun seine Korrespondenz ein. Kein Wunder, daß der Exilant sich mehr und mehr in eine Abseitsposition gedrängt sah – in eine psychisch gefährliche Isolation, die nicht wenige seiner Schicksalsgenossen (etwa Stefan Zweig) in den Selbstmord trieb. Momente der »Entrückung« erlebte Schönberg jetzt aber auch im Hinblick auf seine Schüler. Bildete er mit ihnen zu Wiener Zeiten einen eingeschworenen Kreis, trugen die Berliner Studenten das Etikett, sich Absolvent der Meisterklasse Schönbergs nennen zu dürfen, im stolzen Bewußtsein, einer Elite anzugehören, so betrachteten ihn seine amerikanischen Schüler bei aller Hochachtung mit spürbarer Distanz: als Erscheinung eines vergangenen Jahrhunderts, eines fernen Kontinents, bei der sie »Luft von anderem Planeten« fühlten.

Schönberg begegnete solchen Veränderungen, vor allem der Gefahr, (intellektuell) zu vereinsamen, als Späher des Möglichen. So bemühte er sich, seinen Schülern durch eine Doppelstrategie näherzukommen. Einerseits förderte er die (weniger begabten) Besucher seiner Elementarkurse, indem er Übungsmaterialien entwickelte, die direkt ins Zentrum kompositorischer Probleme führten, sich über formbildende Tendenzen der Harmonik oder periodische Melodik ausließen und 1942 als ›Modelle für Anfänger im Kompositionsunterricht‹ beim G. Schirmer Verlag erschienen. Andererseits engagierte er sich für die Talentierten und Hochbegabten, indem er sie in die Verantwortung nahm: wie Gerald Strang, der ihm an der UCLA als Assistent zur Seite stand und später als Komponist (vor allem elektronischer Musik) reüssierte; wie Leonard Stein, der Strang als Assistent nachfolgte und später zahlreiche musiktheoretische Schriften des Meisters veröffentlichte; und schließlich Dika New-

Mäntelchen totgelaufen, und ein bescheidenes Zeichen der Freiheit des Geistes zeigt sich am Horizont, dann folgen neue, umso sinnlosere Nakkenschläge. [...] Aber ich schreibe so viel, und kann sogar schreiben wie ich will, wo ich in Italien bin und nicht gewärtig, dass [sic!] mich ein geöffneter Brief mit den Annehmlichkeiten des Lagers vertraut macht.
Winfried Zillig an Arnold Schönberg, undatiert [Sommer 1935]

lin, die ihm in vielen praktischen Dingen – etwa bei Vorträgen – zur Hand ging und in ihren 1980 publizierten Tagebüchern ein sehr persönliches, lebendiges Bild des Lehrers vermittelte.

Ferner suchte Schönberg die europäisch-amerikanische Kontaktsperre auszugleichen, indem er den Schulterschluß mit anderen Exilanten übte – etwa mit Fritz Stiedry, der 1937 zum Leiter des New Friends of Music Orchestra New York avanciert war. Sie pflegten nicht nur freundschaftlichen Gedankenaustausch, sondern bildeten zudem ein professionelles Netzwerk. 1940 initiierte Stiedry eine von Schönberg geleitete Schallplattenaufnahme des ›Pierrot lunaire‹: bei der Columbia, mit Erika Stiedry-Wagner (Rezitation), Eduard Steuermann (Klavier), Rudolf Kolisch (Geige, Bratsche) und weiteren Kräften. Außerdem brachte der idealistische, nahezu honorarfrei arbeitende Dirigent am 15. Dezember desselben Jahrs (in der Carnegie Hall, mit den New Friends of Music) die ›Zweite Kammersymphonie op. 38‹ zur Uraufführung: ein Orchesterstück mit singulärer Entstehungsgeschichte. Denn Schönberg hatte mit der Komposition 1906 begonnen, seinerzeit den ersten Satz (ein Adagio in es-Moll) bis auf den Schluß fertiggestellt, und ihn erst 1939 auf Anregung Stiedrys durch einen zweiten ergänzt. So war ein Werk entstanden, in dem sich »die Spontaneität und Ursprünglichkeit von Schönbergs Jugend mit der höchsten Meisterschaft seines Reifestils« verband, wie Theodor W. Adorno 1954 in einer Rundfunkansprache formulierte: eine Symphonie, deren zweiter Satz anmute, »als wäre die ganze Tonalität selber nichts anderes als ein Spezialfall des Komponierens mit zwölf Tönen«.

Am 8. Januar 1941 schrieb Schönberg einen Brief an Stiedry, in dem er die Leistung des Dirigenten kritisch würdigte und sich ausführlich zu den aufführungspraktischen Problemen der ›Zweiten Kammersymphonie‹ äußerte. Am 27. Januar brachte Gertrud Schönberg ihren zweiten Sohn zur Welt: Lawrence

Die Musikabteilung einer Universität hat naturgemäß viele Studierende zu betreuen, die nicht beabsichtigen, sich der Komponistenlaufbahn zu widmen. Für diese hatte Schönbergs Klassenunterricht einen ungewöhnlichen, aber ersprießlichen Zweck: »Gehörschulung durch Komposition« nannte er es. Studierenden also, die keiner schöpferischen Arbeit fähig waren und diese auch durchaus nicht beabsichtigten, wurde durch sorgfältig überwachte Übungen dieser Art ein neuer Weg zum Verständnis der klassischen Form und Tonsprache gewiesen. *Aus Dika Newlin, ›Bruckner, Mahler, Schönberg‹, 1954*

Adam. Im April erhielt die glückliche Mutter gemeinsam mit
Mann und Tochter die amerikanische Staatsbürgerschaft. Am
22. Juni startete die deutsche Armee einen Überraschungsan-
griff auf die Sowjetunion. Zwischen dem 25. August und dem
12. Oktober komponierte Schönberg seine ›Variationen über ein
Rezitativ für Orgel op. 40‹: eine Art Passacaglia (zwischen d-Moll
und D-Dur schwebend) mit abschließender Fuge, in die er einmal mehr das B-A-C-H-Motiv integrierte. Am 11. Dezember,
nach dem Überfall der Japaner auf Pearl Harbor, rief Hitler zum
Krieg gegen die USA auf. Am 20. Januar 1942, im Rahmen der
»Wannseekonferenz«, teilte Reinhard Heydrich einer Schar von
Staatssekretären mit, daß die »Endlösung der Judenfrage« be-
vorstehe. Am 12. März fixierte der Komponist die ersten Takte
seines einzigen genuin politischen Werks: der ›Ode an Napoleon op. 41‹ für Sprecher, Streicher und Klavier, einer Haßtira-
de, die Lord Byron aus Wut über den Rückzug des Impera-
tors geschrieben hatte – eines Schmähgedichts, das Schönberg
nun auf Hitler ummünzte, dessen zynische Verachtung des In-
dividuums ihn empörte. Byron verharrte indes nicht bei der
Schilderung diktatorischer Gewalt, sondern bot auch Visionä-
res: die Aussicht auf das »hoffnungsgrüne« Land der Freiheit,
zu dessen Regenten er den amerikanischen Präsidenten George
Washington ernannte. Diese Polarität setzte der Komponist
kongenial um: Im ersten Teil der reihentechnisch konzipierten
›Ode‹ brachte er eine Vielzahl tonaler, gleichwohl ziellos va-
gierender Reminiszenzen ein (als habe er die Willkür des Dik-
tators geißeln wollen), während er die tonalen Einsprengsel
des zweiten Abschnitts nach Es-Dur tendieren ließ, um auf das
veränderungsoptimistische Potential von Beethovens gleich-
tonartiger ›Eroica‹ anzuspielen.

Am 15. März 1942 starb in der Nähe New Yorks Alexander
Zemlinsky, den die Flucht vor den Nationalsozialisten körper-

Die Gedichtvorlage ist die *Ode an Napoleon Buonaparte* von Lord Byron. Der
Schluß ist – für mich überraschend – eine Huldigung an Washington. Der
Text ist voll von Andeutungen auf Hitler und unsere heutigen Ereignisse.
Und auch in der Musik kann man an einer Stelle eine Andeutung auf die
Marseillaise und sogar das »Siegesmotiv« hören.

An Gertrud Greißle, 17. Mai 1942

lich und seelisch zermürbt hatte. Am 12. Juni 1942 schloß Schönberg die Komposition der ›Ode‹ ab. Am 5. Juli – kaum hatte er den Schreibtisch aufgeräumt – wandte er sich einem neuen Werk zu: dem ›Konzert für Klavier und Orchester op. 42‹.

Die beiden Arbeiten standen chronologisch wie psychologisch in engem Zusammenhang. Eignete der ›Ode‹ die Funktion einer befreienden Attacke, um es in einer strategischen Sprache auszudrücken, so galt es hier, die Kräfte zu sammeln, die Fronten in Erwartung eines drohenden (faschistischen) Gegenangriffs zu sichern. In diesem Sinn, als den Versuch eines Exilanten, seelischen Halt zu finden, könnte man jedenfalls die Bestrebungen des Komponisten deuten, das ›Konzert‹ traditionell zu verankern: durch die brahmsisch wirkenden Walzerklänge des Einleitungsteils, das marschartige, auf den Schlußsatz des ›Violinkonzerts op. 36‹ verweisende Scherzo, durch die Anrufung des B-A-C-H-Motivs, das via Permutation aus der Grundreihe gewonnen wird und mottoartig den dritten Abschnitt einläutet, oder das tänzerische Rondo-Finale, dessen rhythmische Patterns und verschrägte Dreiklänge einen Hauch von Gershwin spüren lassen. Daß dem ›Klavierkonzert‹ selbstreflektorische Eigenschaften innewohnen, mögen ferner jene programmatischen Anmerkungen belegen, die Schönberg dem Manuskript beifügte, als seien es Satztitel: »[I.] Das Leben war so einfach [II.] plötzlich brach Haß aus [III.] eine ernste Lage entstand [IV.] Aber das Leben geht weiter«.

Am 29. Juli 1942 besuchte Bertolt Brecht mit Eisler eine Vorlesung Schönbergs. Dichter und Referent schienen einander zu gefallen. Denn der Komponist lud Brecht zur Feier seines 68. Geburtstags ein. Leider konnte der plötzlich Erkrankte dort nicht erscheinen. Allerdings ließ er dem Jubilar die Abschrift eines ›Svendborger Gedichts‹ zukommen (›Und in Eurem Lande?‹), die er mit dem Zusatz »Arnold Schönberg in Bewunde-

Ist das der Herr von tausend Reichen,
der alle Welt besät mit Leichen?
[...]
Mit Macht zu segnen reich gerüstet,
hast deren Leben du verwüstet,
die huld'gend dich umstehn [...]

Gestützt auf deines Heeres Macht,
hast Haß und Zwiespalt du entfacht.

Aus ›Ode an Napoleon op. 41‹, Übersetzung Arnold Schönberg

rung« versehen hatte – kein Alibigeschenk, sondern eine sensibel ausgewählte Gabe, wirkten die Verse doch, als seien sie für den Komponisten geschrieben.

Am 30. Dezember 1942 setzte Schönberg den Schlußstrich unter die Partitur des ›Klavierkonzerts‹. Im Sommer 1943 komponierte er ›Thema und Variationen für Blasorchester op. 43 a‹, um den einschlägigen, in den USA stark vertretenen Ensembles ein anspruchvolles Werk an die Hand zu geben. Auf Anregung Felix Greißles arbeitete er das Stück noch im gleichen Jahr für ein sinfonisches Orchester um. Am 18. Januar 1944 erklärte Reichspropagandaminister Joseph Goebbels den »totalen Krieg«.

Am 2. Februar gelangte das ›Klavierkonzert op. 42‹ mit Steuermann am Flügel und dem NBC Symphony Orchestra unter Leitung Stokowskis zur Uraufführung. Am 6. Juni landeten die alliierten Streitkräfte in der Normandie, begann die Befreiung Frankreichs, die Agonie des »Tausendjährigen Reichs«. Am 23. November kam es in der Carnegie Hall zur Uraufführung der ›Ode an Napoleon‹: mit dem New York Philharmonic Orchestra unter Artur Rodzinski sowie abermals Steuermann.

Am 13. September 1944 feierte Schönberg seinen 70. Geburtstag. Freunde und Bewunderer ehrten ihn. So die Veranstalter der legendären »Evenings-on-the-Roof«-Konzerte: die Pianistin Frances Mullen und der Musikpädagoge Peter Yates. Sie widmeten dem Jubilar eine ihrer meist von viel Prominenz (Ernst Krenek, Igor Strawinsky, Charles Ives, Otto Klemperer oder Aldous Huxley) besuchten Konzertreihen. So Hanns Eisler. Er dedizierte dem Lehrer seine wie der ›Pierrot lunaire‹ besetzte Kammermusik ›Vierzehn Arten, den Regen zu beschreiben‹. Die UCLA emeritierte Schönberg – bei einer Pension von 28,50 Dollar im Monat, die am 3. März 1945 auf 40,38 Dollar erhöht wurde.

> Wer die Unwahrheit sagt, wird
> auf Händen getragen
> Wer dagegen die Wahrheit sagt
> Der braucht eine Leibwache
> Aber er findet keine.
> *Aus Bertolt Brecht,*
> *›Und in eurem Lande?‹,*
> *1935*

Ein Überlebender
Gravitationszentrum eigenen Sonnensystems

Anfang Mai 1945 kapitulierte die deutsche Wehrmacht. Der Zweite Weltkrieg aber war noch nicht beendet. Für Schönberg (und Millionen von Schicksalsgefährten) ging der Kampf um die nackte, die moralische wie geistige Existenz weiter. Und weiter. Bis an das Ende seiner Jahre.

Nach der Emeritierung (1944) mußte er Privatunterricht erteilen, um zu leben, um sich, seine Frau und die drei Kinder mit dem Nötigsten zu versorgen. Ein künstlerisch gestaltetes Foto (es stammt von Richard Fish) zeigt, wie er zu Hause in Brentwood dozierte: sitzend, nein thronend; auf einem schweren Sessel; hinter ihm eine helle Tafel mit Notenlinien, von der sich sein Seitenprofil scharf wie ein Scherenschnitt abhebt; mit einem Blick, der in die Ferne gerichtet ist; nicht auf die in einer Doppelreihe gruppierten Hörer, denen er gleichermaßen nahe wie entrückt scheint. Ein ambivalentes Bild: erhaben, aber auch anrührend. Denn bei genauerem Hinsehen entpuppt sich die Tafel als Staffelei, die einige Lagen mit Klammern befestigten Packpapiers trägt, auf dem der Komponist mit eigener Hand Notenlinien gezogen hat – unter Verwendung eines von ihm erfundenen und gebauten Geräts, einer Halterung für fünf Stifte, die das Zeichnen von Parallelen erleichtert. Schönberg, der Herr der Dinge.

60 Schönberg, lehrend.
Foto von Richard Fish, 1944

Von seinem Privatunterricht konnte der Komponist leben, seine Familie mit dem Nötigsten versorgen. Aber an die ersehnte Fertigstellung des nun schon Jahrzehnte brachliegenden Oratoriums ›Die Jakobsleiter‹ oder des Torso von ›Moses und Aron‹ war angesichts des vermehrt als Belastung empfundenen Brotberufs nicht zu denken. »Bitte, bitte, nun vollenden Sie *Jakobsleiter* und *Moses und Aron*!« Mit solch eindringlichen Worten hatte Fritz Stiedry zu Schönbergs 70. Geburtstag gratuliert. Eingedenk auch dieses Appells bewarb sich der Komponist per Schreiben vom 22. Januar 1945 um ein Stipendium der John Simon Guggenheim Memorial Foundation: Er verwies auf seine Emeritierung, die familiäre Situation; betonte, daß er der Stiftung mehrfach mit Gutachten über potentielle Stipendiaten gedient habe; sein Lebenswerk wäre unerfüllt, wenn er die ›Jakobsleiter‹ und seine Oper nicht zu Ende bringen könnte; außerdem hege er den Wunsch, noch einige musiktheoretische Arbeiten zu schreiben, er denke an ein ›Lehrbuch des Kontrapunkts‹ oder eine Abhandlung über die ›Formbildenden Tendenzen der Harmonik‹. Die Statuten der Guggenheim Foundation legten zwar fest, daß deren Stipendiaten nicht älter als 40 sein sollten, aber sie ließen ebenso klar Ausnahmeregelungen zu. Dennoch lehnte man Schönbergs Gesuch ab.

Spätestens jetzt begann seine Sicht auf Amerika, das er einst als Paradies gelobt hatte, in das er vertrieben worden sei, sich unleugbar zu trüben. So zürnte er in einem undatierten, nach 1944 entstandenen ›Bericht der Schoenberg-Familie über ihr Leben während und unmittelbar vor dem Krieg‹, er habe an einer »Un-Universität« (gemeint ist die UCLA) unterrichtet, deren personelle Ausstattung nicht einmal der einer höheren Schule entsprach, die meisten Studenten hätten sich durch »Ungeistigkeit« ausgezeichnet, nur vier oder fünf Talente seien unter ihnen gewesen.

Sie klagen über Mangel an Kultur in dieser Amüsierwelt. Was würden Sie erst zu der sagen, in der ich mich zu Tode ekle. […] Ein Beispiel mag Ihnen die folgende Annonce geben: Ein Mann ist abgebildet, der ein Kind überfahren hat, das tot vor seinem Auto liegt. Er greift sich verzweifelt an den Kopf, aber nicht, um etwa zu sagen: »Mein Gott, was hab' ich getan!« Denn da ist eine Unterschrift: Schade, jetzt ist es zu spät, sich zu sorgen. Versichern Sie sich bei der XX-Company, solange es Zeit ist. Diesen Leuten soll ich Komposition beibringen! *An Oskar Kokoschka, 3. Juli 1946*

Spürte Schönberg etwas von der Kälte des Kapitalismus? Witterte er, der sich in seiner 1950 niedergelegten Betrachtung ›Meine Haltung zur Politik‹ als Anhänger der Monarchie outen sollte, schon die Vorboten des »Kalten Kriegs«? Einer auch innenpolitischen Auseinandersetzung der USA, infolge derer Intellektuelle wie Thomas Mann, Hanns Eisler, Bertolt Brecht oder Charlie Chaplin das Land verlassen mußten. Oder sprach aus den zitierten Schmähungen die Verbitterung eines alten Manns? Die Verzweiflung eines Königs ohne Land, der Krankheit und Tod in seinen Adern spürte?

Fakt ist, daß Schönberg am 2. August 1946 beinahe den Weg ins Jenseits angetreten hätte: »Ich dachte, ich hätte einen Herzanfall, aber er [der Hausarzt] konnte nichts an meinem Herzen feststellen. Er gab mir eine Dilaudid-Spritze, um meine Schmerzen zu lindern. Das half sofort; aber nach zehn Minuten verlor ich das Bewußtsein, hatte keinen Herzschlag oder Puls mehr und hörte auf zu atmen. Mit anderen Worten: ich war praktisch tot.«

Tatsache ist aber auch, daß Schönberg noch auf dem Krankenbett sein ›Streichtrio op. 45‹ schrieb, in dem er die Wirkungen der ärztlichen Injektion, das moribunde Geschehen und die anschließende, dank der Fürsorge seiner Frau rasch eintretende Genesung ins Akustische transformierte. Beängstigendes und Dramatisches (etwa [Herz-]Rhythmus-Störungen oder fallende Glissandi, die auf das Absacken des Blutdrucks deuten) haben ebenso Platz in der Komposition wie Friedvolles oder Schwebendes, Überirdisches (Seufzerthematik, Flageoletts) – ein Wechsel, ein Auf und Ab, dem auch die unkonventionelle Anlage des ›Trios‹ entspricht (zwei Episoden schieben sich zwischen drei Rahmenteile, deren letzter sich wiederum als verkürzte Reprise von erstem Teil und erster Episode darstellt). In der Wucht seiner Emotionalität, des schmerzdurchglühten, von auflodernden Figuren infizierten Beginns, gemahnt das ›Trio‹

Wir haben eine schwere Zeit hinter uns, erschwert noch durch die Tatsache, daß wir seit Mitte Februar kein Dienstmädchen mehr haben können, weil wir uns es nicht mehr länger leisten können. Seit damals macht Trude alle Hausarbeit und sogar die Gartenarbeit alleine, sie kümmert sich um die Kinder und chauffiert auch noch; und ich sorge nur für das Frühstück und das Geschirrabwaschen – aber es kostet mich im Durchschnitt 3–4 Stunden täglich – vielleicht bin ich auch etwas zu pedantisch dabei.

An Gertrud Greißle, 17. Mai 1942

an die expressionistische Frühphase des Komponisten, an jene Werke, die nach dem Selbstmord Richard Gerstls entstanden waren. Diese Klangverwandtschaft vermag zwar nicht zu überraschen (immerhin spielte hier wie dort der Tod zum Tanz auf, leitete sein Erscheinen in beiden Fällen den Schaffensprozeß ein). Doch könnte sie signalisieren, daß die Vorgänge um Gerstl zu jenen nicht näher deklarierten »Lebenserfahrungen« zählen, die der Komponist, wie Thomas Mann formulierte, in seine Musik »hineingeheimnist« hat. Schönberg gelang es jedenfalls mühelos, das Ausdruckspotential seiner atonalen Phase mit der Dodekaphonie des ›Trios‹ zu verschmelzen.

Kaum hatte der Unermüdliche das Werk vollendet, als die Alliance von Injektion und Tod ihn ein zweites Mal beben ließ: Anfang 1947 ereilte ihn nämlich die Kunde, daß sein in Österreich verbliebener Bruder Heinrich nicht an den Folgen einer Operation verstorben sei, wie die offizielle Lesart 1941 gelautet hatte, sondern umgebracht worden war – mittels einer Giftspritze, unter dem Deckmantel der Euthanasie.

Es mag nicht zuletzt des Bruders Ermordung gewesen sein, die ein Werk Schönbergs initiierte, das durch seine Unmittelbarkeit im Ausdruck selbst weniger geübte Hörer in den Bann ziehen, ja bestürzen sollte: das Oratorium (so wird man es wohl nennen dürfen) ›Ein Überlebender aus Warschau op. 46‹ für Sprecher, Männerchor und Orchester, das zwischen dem 11. und 23. August 1947 entstand. Noch 1945 – bei seinem ›Prelude op. 44‹ für gemischten Chor und Orchester, das als Einleitung der Kollektivkomposition ›Genesis‹ fungierte (zu deren Mitautoren zählten Igor Strawinsky, Mario Castelnuovo-Tedesco, Darius Milhaud, Nathaniel Shilkret, Alexander Tansman und Ernst Toch) – hatte Schönberg sich für die Sache des Judentums eingesetzt, indem er seine Gefühle und Auffassungen historisch objektivierte, sich auf den Schöpfungsbericht des Alten Testaments bezog. Jetzt aber, in seinem Orato-

Das Verständnis für meine Musik leidet noch *immer* darunter, daß mich die Musiker nicht als einen normalen, urgewöhnlichen Komponisten ansehen, der seine mehr oder weniger guten und neuen Themen und Melodien in einer nicht allzu unzureichenden musikalischen Sprache darstellt – sondern als einen modernen Zwölftonexperimentierer. Ich aber wünsche nichts sehnlicher […], als daß man mich für eine bessere Art von Tschaikowsky hält – um Gotteswillen: ein bißchen besser, aber das ist auch alles. Höchstens noch, daß man meine Melodien kennt und nachpfeift. *An Hans Rosbaud, 12. Mai 1947*

rium, gab er jede Distanz auf und offenbarte sein Inneres, indem er sich mit dem jüdischen Ich-Erzähler, dem Überlebenden aus Warschau, identifizierte und zugleich solidarisierte – ein seelischer Vorgang, auf den schon der Beginn seines Textes verweist, den er verschiedenen authentischen Berichten abgewonnen hatte: »An das meiste kann ich mich nicht mehr erinnern – ich muß lange bewußtlos gewesen sein.« Wie der Schönberg des ›Streichtrios‹ hatte also auch der Überlebende eine Grenzerfahrung gemacht. Wie jener war auch dieser kurzfristig auf der anderen Seite des Lebens gewesen, um wieder zurückzukehren. Doch während der Komponist einer Krankheit zum Opfer fiel, wurde sein literarisches alter ego von Gewehrkolben geknüppelt, mit denen nationalsozialistische Schergen jüdische KZ-Häftlinge traktierten: Kranke, Alte, Frauen, Kinder, weil sie nach dem Kommando »Stilljestanden!« nicht schnell genug pariert und so die Abzählung verzögert hätten, wer von ihnen zuerst vergast werden sollte. Das Ende des schaurigen Treibens wartet indes mit einer weiteren Parallele zwischen dem Komponisten und seinem Bruder in morte auf. Wie der im Koma liegende Schönberg durch die Stimme seiner Frau ins Leben zurückgeholt wurde und schließlich gesunden konnte, so vernahm auch der Überlebende aus Warschau Stimmen, die ihn, den halb Bewußtlosen, vitalisierten und wieder hoffen ließen – nämlich seine Mitgefangenen (im Oratorium durch den Chor repräsentiert), die über Tod und Teufel triumphierten, indem sie ihrem Gott einen Hymnus darbrachten: »Höre Israel, der Ewige, unser Gott, ist ein einziges, ewiges Wesen!« Die Idee der Aussöhnung (hier zwischen Leben und Tod) verlagerte der Komponist aber auch ins Musikalisch-Materielle: Denn die Melodie des Hymnus verkörpert einerseits die Grundgestalt der für das gesamte Werk verbindlichen Zwölftonreihe, andererseits integriert sie, dem Ondit nach, Motive traditioneller Synagogalgesänge.

Eines Zusammenseins mit Schönberg bei uns […] soll hier gedacht sein, bei dem er mir von seinem neuen, eben vollendeten Trio und den Lebenserfahrungen erzählte, die er in die Komposition hineingeheimnist habe, deren Niederschlag das Werk gewissermaßen sei. Er behauptete, er habe darin seine Krankheit und ärztliche Behandlung samt »male nurse« und allem übrigen dargestellt.

Aus Thomas Mann, ›Die Entstehung des Dr. Faustus.
Roman eines Romans‹, 1949

Das Oratorium ›Ein Überlebender aus Warschau‹ stellte seine Suggestionskraft gleich bei seiner Uraufführung unter Beweis (am 4. November 1948 in Albuquerque, New Mexico). Die Hörer waren von der Darbietung so überwältigt, daß sie zunächst keine Hand rührten. Erst nachdem der Dirigent die etwa sieben Minuten dauernde Komposition wiederholt hatte, löste sich die Starre, erscholl donnernder Applaus.

Wahrlich, der Vierundsiebzigjährige hätte sich jetzt ein wenig zurücklehnen, die Anerkennung genießen dürfen. Statt dessen ärgerte er sich über Thomas Mann, von dem er sich dermaßen düpiert fühlte, daß er ihn am 13. November 1948 öffentlich attackierte. Der Schriftsteller habe ohne seine Erlaubnis oder sein Vorwissen, beklagte er sich bei der ›Saturday Review of Literature‹, einen Romanhelden erschaffen (gemeint ist der Komponist Adrian Leverkühn des 1947 erschienenen ›Dr. Faustus‹), den er, Mann, als Schöpfer der Zwölftontechnik ausgebe. Zudem habe er ihn als geisteskranken Syphilitiker dargestellt. Er, Schönberg, betrachte dies als persönliche Beleidigung.

Gewiß, Mann konterte souverän, teilte am 10. Dezember derselben Wochenschrift mit, Schönberg möge sich doch »über Bitterkeit und Mißtrauen« erheben – »im sicheren Bewußtsein seiner Größe und seines Ruhmes«. Im übrigen habe er, Mann, der englischen Ausgabe des ›Dr. Faustus‹ die Nachbemerkung angefügt, daß die im Roman erläuterte Zwölftontechnik das geistige Eigentum Schönbergs sei. Aber war Manns Sensorium wirklich fein genug, um einem kranken, alten Komponisten Recht zu tun, den das jahrzehntelange Kesseltreiben waidwund hatte werden lassen? Und dann seine in der Entstehungsgeschichte des ›Dr. Faustus‹ wiedergegebene Tagebucheintragung: »Gesellschaft bei Werfels mit Schönbergs. Holte ihn viel über Musik und Komponistendasein aus, und es trifft sich gut, daß er selbst auf Verkehr der Häuser dringt.« Klingt diese Äu-

Ein Programm, das die 5 Orchesterstücke, die Variationen op. 31 und das Violinkonzert vereint, ist bestimmt das schwerste, was ein Orchester heute spielen kann. Und unser Orchester hat sich grossartig [sic!] dabei ausgezeichnet. […] In Darmstadt und Frankfurt gab es nach jedem Werk endlose Ovationen, [Tibor] Varga, ein hinreissender [sic!] Geiger, erspielte dem Violinkonzert einen jubelnden Erfolg, und nach den Variationen gab es 10 Minuten dauernde Stürme. Es hat nur eines gefehlt: Ihre Anwesenheit.
Winfried Zillig an Schönberg, 1. Juli 1949

ßerung nicht so, als habe der Schriftsteller den Kollegen funktionalisiert, ihn stillschweigend, ja hinterrücks zum Informanten degradiert? Entwertete Mann durch sein planmäßiges, geheimdienstartiges Anzapfen nicht Schönbergs freundliches Geschenk, jenen Kanon, den dieser ihm zum 70. Geburtstag dediziert hatte? War es ihm nicht möglich, mit Schönberg offenen Herzens umzugehen: so wie mit Theodor W. Adorno oder Ernst Krenek, die den Autor des ›Dr. Faustus‹ gleichfalls in musikalischen Angelegenheiten berieten?

Das Erfreuliche an der Affäre war ihr Ende: Anfang 1950 zeigten die beiden Kontrahenten Größe, reichten sie sich die Hand. »Begraben wir die Streitaxt,« schlug Schönberg am 2. Januar 1950 vor, »und zeigen wir, daß es auf einer gewissen Stufe immer eine Möglichkeit zum Frieden gibt.«

Schönberg mag diese Versöhnung auch deswegen leichtgefallen sein, weil er sich und seine Leistungen zunehmend anerkannt sah. Schon 1947 hatte das in New York residierende National Institute of Arts and Letters den Distinguished Achievement Award an ihn verliehen. Im gleichen Jahr veröffentlichte sein zeitweiliger Assistent, der Komponist, Dirigent und Musikologe René Leibowitz, der auch den ›Überlebenden aus Warschau‹ vom Particell in die Partitur gebracht hatte, die fundamentale Untersuchung ›Schoenberg et son école‹. 1949 aber, zu seinem 75. Geburtstag, durfte der Komponist Honneurs aus aller Welt entgegennehmen. Die Stadt Wien ernannte ihn zu ihrem Ehrenbürger. Das australische Musikjournal ›Canon‹ gedachte seiner mit einer Sondernummer – ebenso wie das von Hans Heinz Stuckenschmidt und Josef Rufer in Berlin herausgegebene Periodikon ›Stimmen‹. Winfried Zillig, seit zwei Jahren Dirigent des Symphonie-Orchesters von Radio Frankfurt, veranstaltete daselbst und in Darmstadt eine Schönberg-Festwoche, über die er den Jubilar am 1. Juli informierte. Und am

Es sieht so aus, als sei die Zeit gekommen, da die Zuhörer meine Musik günstiger und freundlicher aufnehmen. Jahrelang hat man, anstatt meine Partituren zu studieren und danach zu trachten, herauszufinden, wer ich bin, versucht, die Probleme, die ich möglicherweise bieten könnte, abzuschieben, indem man mich mit einem Warenzeichen abgestempelt hat. *Der Zwölftonkonstrukteur, der Atonalist.* Was immer ich an Gutem oder Schlechtem, Schönem oder Häßlichem, Sanftem oder Hartem, Wahrem oder Falschem anzubieten haben mochte, interessierte nicht. *Aus ›Bemerkungen zu den vier Streichquartetten‹, 1949*

13. September 1949, dem Festtag selbst, brachten Adolf Koldolfsky (Violine) und Leonard Stein (Klavier) Schönbergs ›Phantasie für Violine mit Klavierbegleitung op. 47‹ in Los Angeles zur Uraufführung: im Rahmen eines Konzerts der IGNM, der Internationalen Gesellschaft für Neue Musik.

Wahrlich, jetzt durfte der Fünfundsiebzigjährige sich zurücklehnen, die weltweite Anerkennung genießen – und einen Kanon schreiben, den er ausnahmsweise sich einmal selbst widmete: »Gravitationszentrum eigenen Sonnensystems, von strahlenden Satelliten umkreist, stellt dem Bewunderer dein Leben sich dar.«

Gewiß, der kleine Judenjunge von einst, der Halbwaise aus der Wiener Vorstadt hatte Unglaubliches erreicht, seine Schwerkraft hatte stets die Besten angezogen, Alexander Zemlinsky, Alban Berg, den unglücklichen Anton Webern, den der irrtümlich abgegebene Schuß eines amerikanischen Soldaten wenige Monate nach dem Zweiten Weltkrieg tötete, und Gustav Mahler und Adolf Loos und Hanns Eisler und George Gershwin und …

Gewiß, Schönberg hatte zwei Familien gegründet, fünf Kinder gezeugt, ein grandioses Œuvre hinterlassen, als Komponist, Maler und Schriftsteller. Aber mußte es ihn nicht mit besonderer Zufriedenheit erfüllen, sein am 2. Juli 1950 vollendetes Chorwerk ›Psalm 130 op. 50b‹ dem Staat Israel schenken zu können, der am 14. Mai 1948 proklamiert worden war? Und war es für ihn nicht ein Realität gewordener Traum, 1951 zum Ehrenpräsidenten der Musikakademie von Jerusalem berufen zu werden?

Dürfen wir uns Arnold Schönberg als letztlich glückseligen Menschen vorstellen? Beim Betrachten der Totenmaske, die Anna Mahler dem am 13. Juli 1951 Verstorbenen abnahm, möchte man diese Frage mit Ja beantworten.

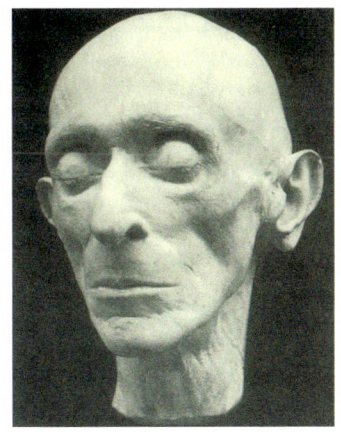

60 Von Anna Mahler abgenommene Totenmaske Schönbergs

Zeittafel

1874 am 13. September in Wien (Leopoldstadt) geboren

1882 erster Geigenunterricht; beginnt wenig
später, im Stil des dort Erlernten zu
komponieren

1885 Eintritt in die Oberrealschule der Leo-
poldstadt; ein Mitschüler, der spätere
Musiker, Arzt und Astrologe Oskar
Adler, wird sein musikalischer Mentor

1889 am 31. Dezember Tod des Vaters

1890 Abbruch der schulischen Ausbildung;
Aufnahme einer Banklehre; schreibt
Gedichte

1893 das Klavierlied ›In hellen Träumen hab
ich Dich oft geschaut‹ (Alfred Gold),
die erste vollständig erhaltene Komposition; wirkt als Cellist in der »Polyhymnia« mit, einem Liebhaberorchester;
lernt als dessen Dirigenten Alexander
Zemlinsky kennen, seinen späteren
Schwager, der ihm kurzfristig Kompositionsunterricht gibt

1895 Kündigung bei der Bank; Chormeister
des »Metallarbeiter-Sängerbunds
Stockerau«

1901 Heirat mit Mathilde Zemlinsky; Um-
zug nach Berlin, dort Kapellmeister des
»Überbrettl« und Lehrtätigkeit am
Sternschen Konservatorium

1902 Tochter Gertrud (Trudi) geboren

1903 Rückkehr nach Wien; Bekanntschaft
mit Gustav Mahler

1904 Alban Berg und Anton Webern werden
seine Schüler

1906 Sohn Georg geboren

1908 die »Affäre Richard Gerstl«; schreibt
unter deren Eindruck »Bekenntnis-
Werke«; löst sich allmählich von der
Tonalität, so schon in seinem ›Zweiten
Streichquartett op. 10‹

1910 im Kunstsalon Heller die erste Ausstellung mit eigenen Gemälden

1911 Begegnung mit Wassily Kandinsky;
zweiter Umzug nach Berlin; Vorlesun-
gen am Sternschen Konservatorium;
die ›Harmonielehre‹ erscheint; Tod
Gustav Mahlers

1913 die Uraufführung der ›Gurrelieder‹ in
Wien: ein sensationeller Erfolg

1915 Rückkehr nach Wien; beim Militär

1917 richtet an der Schwarzwald-Schule das
›Seminar für Komposition‹ ein

1918 Gründung des »Vereins für musikalische Privataufführungen«

1921 sieht sich antisemitischen Diskrimini-
rungen ausgesetzt (»Mattsee-Erlebnis«)

1923 weiht seine Schüler in die »Methode
der Komposition mit zwölf nur aufeinander bezogenen Tönen« ein (erstmals
konsequent umgesetzt in der ›Klaviersuite op. 25‹); »Prioritätsstreit« mit Josef
Matthias Hauer; Tod Mathildes

1924 Heirat mit Gertrud Kolisch

1925 Ruf nach Berlin, an die Preußische
Akademie der Künste, als Professor für
Komposition

1926 im Januar dritter Umzug nach Berlin;
Winfried Zillig, Walter Goehr, Adolph
Weiss, Josef Zmigrod und Josef Rufer
nehmen das Studium bei ihm auf

1927 Peter Schacht und Nikos Skalkottas
werden Schüler seiner Meisterklasse

1928 dirigiert im Januar in London die erste
englischsprachige Aufführung der
›Gurrelieder‹

1931/1932 wegen Asthma und nationalsozia-
listischer Anfeindungen verlängerter
Jahresurlaub in Montreux und Barcelona (hier Tochter Dorothea Nuria
geboren)

1933 Rückzug aus der Akademie; Flucht
zunächst nach Paris, dann Arcachon;
im Herbst Dozent am Malkin Conservatory in Boston (Massachusetts);
spielt mit dem Gedanken, seine Laufbahn als Komponist zu beenden, um
für die Rettung der deutschen Juden
und die Errichtung eines jüdischen
Staats zu kämpfen

1934 Umzug nach Los Angeles; Lehrtätigkeit an der University of Southern
California (USC)

1935 Professur an der University of California, Los Angeles (UCLA)

1937 Sohn Rudolf Ronald geboren

1941 Sohn Lawrence Adam geboren; amerikanische Staatsbürgerschaft

1942 (Wieder-)Begegnung mit Hanns Eisler
und Bertolt Brecht

1944 Emeritierung

1949 wegen des Romans ›Dr. Faustus‹ Diffe-
renzen mit Thomas Mann

1951 am 13. Juli in Los Angeles gestorben

Bibliographie

ARCHIVE

Arnold Schoenberg Institute
University of Southern California
USA–Los Angeles, CA 90089
www.usc.edu/isd/archives/schoenberg

Arnold Schönberg Center Privatstiftung
Palais Fanto
Schwarzenbergplatz 6
A-1030 Wien
www.schoenberg.at

*An dieser Stelle möchte sich der Autor bei Frau
Nuria Nono-Schoenberg und den Herren Rudolf
Ronald sowie Lawrence Adam Schoenberg (stell-
vertretend für die Erbengemeinschaft) für die un-
bürokratisch erteilte Abdruckgenehmigung der
Texte Arnold Schönbergs bedanken. Sein Dank gilt
auch den Mitarbeitern des Centers, die sich stets
als kenntnisreich und kooperativ erwiesen.*

LITERATUR

A. Werkverzeichnisse

Rufer, Josef: Das Werk Arnold Schönbergs,
    Kassel 1959
    *In die Jahre gekommenes, aber immer noch
    wichtiges Nachschlagewerk*
Zaunschirm, Thomas: Arnold Schönberg. Das
    bildnerische Werk, Klagenfurt 1991
    *Eine in ihrer Vielfalt beeindruckende Dokumen-
    tation*

B. Werkausgaben

1. Kompositionen

Schönberg, Arnold: Sämtliche Werke, Mainz
    und Wien, 1969 ff.
    *Ein Langzeitprojekt unter der Editionsleitung
    Rudolf Stephans; von den geplanten 70 Bänden
    ist der größere Teil bereits erschienen*

2. Schriften

Schönberg, Arnold: Stil und Gedanke, Aufsät-
    ze zur Musik. Hg. Ivan Vojtěch, Frankfurt
    am Main 1976
    *Bis zum Erscheinen der in Vorbereitung befind-
    lichen ›Sämtlichen Schriften‹ immer noch wert-
    volle Quellensammlung*

Schönberg, Arnold: Berliner Tagebuch. Hg. Jo-
    sef Rufer, Frankfurt am Main 1974
Schönberg, Arnold: Harmonielehre. Hg. Josef
    Rufer, Wien ⁷1966

C. Briefausgaben, Dokumentationen

Hahl-Koch, Jelena (Hg.): Arnold Schönberg –
    Wassily Kandinsky. Briefe, Bilder und Do-
    kumente einer außergewöhnlichen Bezie-
    hung, Salzburg 1980
Nono-Schoenberg, Nuria (Hg.): Arnold Schön-
    berg, 1874–1951. Lebensgeschichte in Begeg-
    nungen, Klagenfurt 1992
    *Das Non-plus-ultra für alle Interessierten, das
    mit einer Fülle gut strukturierten Materials auf-
    wartet. Ein Schönberg-Archiv im Buchformat
    sozusagen, das die Tochter des Komponisten als
    intime Kennerin des väterlichen Werks ausweist*
Stein, Erwin (Hg.): Arnold Schönberg. Briefe,
    [Auswahl] Mainz 1958
    Ein Querschnitt, der mit dem Jahr 1910 beginnt
Weber, Horst (Hg.): Zemlinskys Briefwechsel
    mit Schönberg, Webern, Berg und Schreker,
    Darmstadt 1995
    *Eine akribische, ungemein kenntnisreich kom-
    mentierte Sammlung, die beispielgebend sein
    sollte*

D. Weiterführende Literatur

Berg, Alban: ›Gurrelieder‹ von Arnold Schön-
    berg. Führer und Thementafel. Hg. Rudolf
    Stephan und Regina Busch, Wien 1987
Breicha, Otto: Gerstl und Schönberg, eine Be-
    ziehung, Salzburg 1993
Dahlhaus, Carl: Schönberg und andere. Ge-
    sammelte Aufsätze zur Neuen Musik. Mit
    einer Einleitung von Hans Oesch, Mainz
    1978
Dümling, Albrecht: Die fremden Klänge der
    hängenden Gärten. Die öffentliche Einsam-
    keit der Neuen Musik am Beispiel von Ar-
    nold Schönberg und Stefan George, Mün-
    chen 1981
Dümling, Albrecht (Hg.): Verteidigung des
    musikalischen Fortschritts, Brahms und
    Schönberg, Berlin 1990
Freitag, Eberhard: Arnold Schönberg in Selbst-
    zeugnissen und Bilddokumenten, Reinbek
    1973
Gerlach, Reinhard: Der Jugendstil der Wiener
    Schule 1900–1908, Laaber 1985
Gervink, Manuel: Arnold Schönberg und seine
    Zeit, Laaber 2000

*Eine Monographie mit Schwerpunkt auf dem
»europäischen« Schönberg*

Gradenwitz, Peter: Arnold Schönberg und seine Meisterschüler, Berlin 1925–1933, Wien
1998
*Eine verdienstvolle, faktenreiche Studie des is-
raelischen Musikwissenschaftlers, der Schönberg noch selbst gekannt und bei dessen Schüler
Josef Rufer studiert hat*

Greissle-Schönberg, Arnold: Arnold Schönberg und seiner Wiener Kreis, Wien 1998

Hanak, Werner, Mechtild Widrich (Hg.): Wien
II. Leopoldstadt. Die andere Heimatkunde,
Wien 1999

Hansen, Mathias: Arnold Schönberg. Ein Konzept der Moderne, Kassel 1993
*Eine Studie, die nicht nur in Schönbergs Musik-
theorien einführt, sondern diese auch mit musikalischen Analysen verknüpft*

Henck, Herbert: Fürsprache für Hauer, Dein-
stedt 1998

Henke, Matthias: Erwin Ratz, der Lehrer. In
»Arnold Schönbergs Wiener Kreis«, Bericht
zum Symposium 12.–15.September 1999. Hg.
Arnold Schönberg Center Wien, Wien 2000

Henke, Matthias: Ein Freund! Ein guter Freund?
Winfried Zilligs Beziehung zu Arnold Schönberg. In ›Arnold Schönberg in Berlin‹, Bericht zum Symposium 28.–30.September
2000. Hg. Arnold Schönberg Center Wien,
Wien 2001

Hilmar, Ernst (Hg.): [Katalog]. Arnold Schönberg. Gedenkausstellung 1974, Wien 1974

Jakobik, Albert: Schönberg. Die verräumlichte
Zeit, Regensburg 1983

Krenek, Ernst: Im Atem der Zeit. Erinnerungen an die Moderne, Hamburg 1998

Leibovitz, René: Schönberg et son école, Paris
1947

Mäckelmann, Michael: Arnold Schönberg und
das Judentum. Hamburg 1984
*Eine kompetente Analyse von höchstem Refle-
xionsniveau*

Mauser, Siegfried: Das expressionistische Mu-
siktheater der Wiener Schule, Regensburg
1982

Metzger, Heinz-Klaus, Rainer Riehn (Hg.):
Schönbergs Verein für musikalische Privat-
aufführungen, München 1984 (= Musik-
Konzepte, Band 36)

Metzger, Heinz-Klaus, Rainer Riehn (Hg.): Arnold Schönberg, München 1980 (= Musik-
Konzepte, Sonderband I)

Nautz, Jürgen, Richard Vahrenkamp (Hg.):
Die Wiener Jahrhundertwende. Wien ²1996

Newlin, Dika: Bruckner, Mahler, Schoenberg,
New York 1947 [Deutsch: Wien 1954]

Newlin, Dika: Schoenberg Remembered;
Diaries and Recollections (1938–1976), New
York 1980

Ratz, Erwin: Gesammelte Aufsätze. Hg. Friedrich C. Heller, Wien 1975

Reich, Willy: Schönberg oder der konservative
Revolutionär, Wien 1968
*Eine facettenreiche, eigenständige Darstellung
des Schülers von Alban Berg wie Anton Webern*

Schmidt, Christoph Martin: Schönbergs Oper
›Moses und Aron‹, Mainz 1988

Sichard, Martina: Die Entstehung der Zwölf-
tonmethode Arnold Schönbergs, Mainz 1990

Sinkowitz, Wilhelm: Mehr als zwölf Töne. Arnold Schönberg, Wien 1998

Stefan, Paul: Arnold Schönberg: Wandlung, Legende, Erscheinung, Bedeutung, Wien 1924

Streibel, Robert (Hg.): Eugenie Schwarzwald
und ihr Kreis, Wien 1996

Stuckenschmidt, H[ans]. H[einz].: Schönberg.
Leben, Umwelt, Werk, Zürich 1974
*Enthält erstaunlich viele Details; interessant
vor allem durch das persönlich Erlebte*

Swarowsky, Hans: Wahrung der Gestalt.
Schriften über Werk und Wiedergabe, Stil
und Interpretation in der Musik. Hg. und
redigiert von Manfred Huss, Wien 1979

Weber, Horst: Alexander Zemlinsky. Eine Studie, Wien 1977

Wellesz, Egon: Arnold Schönberg, Leipzig
1921. Neuausgabe (mit Nachwort von Carl
Dahlhaus), Wilhelmshaven 1985
Die erste Schönberg-Biographie

Zillig, Winfried: Variationen über Neue Musik, München 1959
*Ausführungen eines analytisch denkenden
Praktikers, eines noch immer zu wenig beachte-
ten Schönberg-Schülers*

Bild- und Textnachweis

Archiv für Kunst und Geschichte, Berlin 3, 13,
14, 15, 16, 17, 20, 21, 22, 24, 25, 28, 30, 38, 40, 41,
43, 47, 48, 49, 54, 57

mit freundlicher Genehmigung des Arnold
Schönberg Centers, Wien 7, 9, 10, 11, 12, 19,
23, 26, 34, 35, 37, 39, 42, 44, 46, 52, 53, 55, 56, 58,
59, 60, 61

© 2001, VG Bild-Kunst, Bonn 1, 2, 4, 5, 6, 8, 18,
20, 27, 29, 31, 32, 33, 36, 45, 50, 51

© der Texte aus dem Werk Arnold Schönbergs
liegt bei den Erben; der Abdruck hier er-
folgt mit freundlicher Genehmigung von
Herrn Lawrence Adam Schoenberg, Pacific
Palisades, CA

Personenregister

dtv portrait

Herausgegeben von Martin Sulzer-Reichel
Originalausgaben

Biographien bedeutender Frauen und Männer aus Geschichte, Literatur, Philosophie, Kunst und Musik